Das einfachste
LOW CARB
KOCHBUCH
der Welt

mit nur
5
Zutaten

Weltbild

Inhalt

Vorwort   4

Einleitung   6

Frühstück   18

Snacks, Salate & Beilagen   46

Hauptgerichte   76

Desserts und Süßes   106

Backen   136

Register   158

Vorwort

In unseren schnelllebigen, hektischen Zeiten ist eine selbst gekochte Mahlzeit für viele zum Luxusgut geworden. Statt ausgewogenen, gesunden Gerichten kommen dann oftmals fettiges Fast Food und nährstoffarme Fertiggerichte auf den Tisch. Und die Folge davon: Vitaminmangel und Übergewicht.

All dem wirkt „Das einfachste Low-Carb-Kochbuch der Welt" entgegen! Entdecken Sie einfache, schnelle Gerichte, die mit maximal fünf Zutaten zubereitet werden können und vollgepackt mit wichtigen Vitaminen, gesunden Fetten und sättigendem Eiweiß sind. Mit nur wenigen Grundzutaten, die schnell eingekauft oder sogar schon zu Hause verfügbar sind, lässt sich eine Vielzahl an leckeren und gesunden Low-Carb-Gerichten zaubern, auch wenn die Zeit knapp und die Kochlust eher gering ist. Durch den niedrigen Kohlenhydratanteil in den Rezepten sparen Sie zugleich jede Menge Kalorien ein, halten den Blutzuckerspiegel in Balance und wirken dadurch Heißhunger und Völlegefühl entgegen.

Von feinen Frühstücksideen über schnelle Snacks, Salate und Beilagen bis hin zu herzhaften Hauptgerichten ist für jeden Geschmack etwas dabei. Und wenn der Süßhunger zuschlägt, gibt es schnelle Rezeptideen, die jedes Leckermäulchen glücklich machen werden. Ob Süßigkeiten, Desserts oder gebackene Köstlichkeiten – entdecken Sie die wunderbare Vielfalt der Low-Carb-Küche und bringen Sie neuen Schwung in Ihre Essgewohnheiten!

Einleitung

„Low Carb" ist zwar ein besonders aktueller Ernährungstrend, aber deshalb noch lange nicht neu. Sogar das Gegenteil ist der Fall: Eine Ernährungsweise, die Kohlenhydrate reduziert, wurde bereits in den 1970er-Jahren durch den amerikanischen Ernährungsexperten Robert Atkins propagiert. Damals taufte man das Konzept zwar noch nicht auf die trendige Vokabel „low carb", inhaltlich stimmte man aber im Wesentlichen mit dem überein, was auch heute als gesunder und schlanker Ernährungstrend von immer mehr Menschen gelebt wird – jedoch mit einem kleinen Unterschied. Im Gegensatz zu Atkins' Zeiten werden Kohlenhydrate heute nämlich nicht zwingend zur Gänze vom Speiseplan gestrichen. Mit der englischen Betitelung „low carbohydrates" meint man übersetzt vielmehr so viel wie „wenig Kohlenhydrate". Reduzieren, anstatt komplett zu verzichten, ist die moderne Philosophie im Umgang mit Kohlenhydraten.

In folgendem Buch werden Ihnen Low-Carb-Rezepte vorgestellt, die besonders einfach und schnell zuzubereiten sind. Mit maximal fünf Grundzutaten lassen sich köstliche Gerichte zaubern, die nicht nur gut schmecken, sondern auch wunderbar in eine kohlenhydratreduzierte Ernährungsweise passen. Lernen Sie nun auf folgenden Seiten die Vorteile und Merkmale der Low-Carb-Ernährung kennen und worauf es bei der schnellen und einfachen Low-Carb-Küche ankommt.

Die Vorteile von Low Carb

Kohlenhydrate aus Quellen wie Brot, Kartoffeln, Nudeln, Reis und Zucker decken in der westlichen Welt zu 50 Prozent den täglichen Energiebedarf. Aber ist dies auch gesund? Ähnlich wie die Anhänger der Paleo-Diät („Steinzeit-Diät") gehen auch Low-Carb-Befürworter davon aus, dass sich unser Körper nur bedingt an die heutige kohlenhydratreiche Ernährung angepasst hat. 10.000 Jahre Ackerbau mit dem damit verbundenen überproportionalen Zugang zu Kalorien aus Zucker und Stärke sind demzufolge eine zu kurze Zeitspanne, wenn sich ein Organismus an eine neue Nahrungszusammensetzung anpas-

sen soll. Verfechter des Low-Carb-Prinzips sind daher der Meinung, dass wir physiologisch immer noch besser an das Nahrungsangebot der Vorzeit angepasst sind – eine Vorzeit, die geprägt war durch die Kultur der Jäger und Sammler. Und diese ernährten sich vorwiegend von Fleisch, Fisch, Gemüse, Obst und Nüssen – also low carb. Dies wiederum würde die Theorie stützen, dass Kohlenhydrate – im Gegensatz zu Eiweißen, Fetten und Vitaminen – kein essenzieller Bestandteil unserer Ernährung sind. Wenn wir sie von unserem Ernährungsplan streichen, weist unser Körper keine Mangelerscheinungen auf. Schließlich kann er sie selbst aus Fett und Eiweiß herstellen.

Dieses Übermaß an Kohlenhydraten steht zudem einem Defizit an Bewegung und körperlicher Arbeit entgegen. Und genau diese Tatsache fällt buchstäblich ins Gewicht. Kohlenhydrate zählen zu den energiereichsten Nährstoffgruppen überhaupt. Sie sind purer Brennstoff für unseren Körper. Nutzen wir dieses natürliche Benzin aber nicht oder nicht ausreichend, indem wir es durch muskuläre Anstrengung beim Sport, bei der Arbeit im Garten oder Job oder durch lange, regelmäßige Fußmärsche und Ähnliches verheizen, verbrauchen wir die zugeführte Carb-Energie nicht, sondern speichern sie. Und zwar in Form von ungeliebten Speckpölsterchen am Hosenbund. Das ist wiederum nicht nur frustrierend, sondern vor allem auch alles andere als gesund.

Dass Carbs in puncto Figur und Gesundheit in Verruf stehen, liegt also vor allem am falschen (oder jedenfalls nicht ausgewogenen Umgang) mit diesem hohen Energielieferanten. Es gibt aber noch einen weiteren Gesundheits- und Ernährungsaspekt, der Kohlenhydrate ins Kreuzfeuer gebracht hat; dabei geht es um ihre sogenannte Insulinwirksamkeit. Insulin ist ein Botenstoff des Körpers, der wichtig ist, um Nahrung so aufzubereiten, dass sie als Energiereserve, also als Fett(pölsterchen), bereitsteht. Solange Insulin hoch dosiert im Blut ist, ist der Körper fähig, solche Fettreserven zu bilden. Gleichzeitig wird ein Gefühl der Sättigung vermittelt, welches jedoch trügerisch ist. Denn nicht alle Kohlenhydrate enthalten die gleichen Sättigungs- und damit Insulin-Effekte. So gibt es sogenannte schnelle Kohlenhydrate, die zwar kurzfristig ein hohes Energieniveau liefern, den Blutzuckerspiegel (Insulin) in die Höhe schnellen lassen und uns fit fühlen lassen. Doch ebenso schnell, wie sie uns gepusht haben, flachen sie wieder ab. Wir tappen in die Insulinfalle; fühlen uns schlapp, müde und haben Heißhunger auf Nachschub. Ist der Blutzuckerspiegel oft zu hoch, bedeutet dies außerdem Stress für die Bauchspeicheldrüse. Die häufige und starke Ausschüttung von Insulin wiederum kann zu Insulinresistenzen führen: Der Körper reagiert nur noch vermindert auf das Insulin und das Hormon ist nicht mehr in der Lage, den Blutzuckerspiegel zu regulieren. Die Folge ist eine Diabetes-Typ-II-Erkrankung. Ernährungsexperten gehen daher davon aus, dass die Low-Carb-Ernährung selbst ohne Gewichtsabnahme dabei helfen kann, Blutzucker und Insulinspiegel niedrig zu halten und erhöhte Blutfettwerte sowie Bluthochdruck zu senken.

Kohlenhydrate komplett vermeiden?

Kohlenhydrate sind per se nichts Schlechtes. Für Großteile der Welt ist Getreide genau aus dem Grund, dass es so ein effizienter und günstiger Energielieferant ist, sogar das wichtigste Hauptnahrungsmittel. Allein aus diesem Grund machen Carbs aber auch noch lange nicht dick oder krank. Erst wenn dem Köper mehr Energie zugeführt wird, als er verbrennt, wandelt sich die zugeführte Energie in ungeliebte Polster rund um Hüfte und Po um. Und noch eines sollte man wissen: Für die Energiebilanz des Körpers ist es unterm Strich auch vollkommen gleichgültig, ob diese Energie aus Getreide oder aus Fleisch, Milchprodukten oder Süßigkeiten besteht. Die Rechnung bleibt immer die gleiche. Nämlich: Eine Kalorie ist eine Kalorie ist eine Kalorie. Abnehmen tut immer nur derjenige, der

seinem Körper weniger Energie zuführt, als er verbraucht. Der Prozess der Gewichtsreduktion ist, vereinfacht gesprochen, also nichts weiter als eine Energiebilanz. Unabhängig davon, ob man die Energie aus Kohlenhydraten, Fetten oder sonstigen Nährstoffen zu sich nimmt. Da Kohlenhydrate jedoch nicht nur einen hohen Energiebrennwert haben, sondern zudem auch in übermäßig großer Menge auf unserem Speiseplan stehen, gebieten Low-Carb-Ernährungskonzepte insofern einen gelungenen Einhalt, als sie durch eine gezielte Kohlenhydrat-Reduktion wieder eine Balance in unseren Energiehaushalt und unseren Ernährungsplan bringen.

Moderne Rezepte reduzieren also bewusst den Carb-Anteil, verfallen aber nicht permanent in einen extremen Komplett-Verzicht. Wie in allen Fragen der Ernährung kommt es auch hier auf das Maß an. Grundsätzlich sollte in der ausgewogenen Ernährung eines gesunden Menschen auch eine Vielfalt an Kohlenhydraten enthalten sein. „Low Carb" steht also für eine Reduktion, nicht aber für einen Verzicht auf Kohlenhydrate. Und damit allein ist das Low-Carb-Konzept übrigens auch noch nicht zufrieden. Neben der gesunden Carb-Reduktion geht es gleichzeitig darum, keine Ungleichgewichte im Ernährungsplan entstehen zu lassen. Wer auf Kohlenhydrate verzichtet, dafür aber umso mehr Fette und (tierische) Eiweiße isst, tut Figur und Gesundheit nämlich auch nicht unbedingt einen Gefallen. Ein zu hoher Eiweißkonsum kann zu Problemen mit dem Cholesterinspiegel und der Nierenfunktion führen. Und was passiert, wenn wir zu viel Fett essen, liegt ebenfalls auf der Hand: Die Arterien leiden – und die Bikinifigur ebenso. Auch hier gilt also einmal wieder: Sämtliche Nährwerte müssen in einer ausgewogenen Balance stehen, um gesund zu sein und die Figur in Form zu halten.

Kohlenhydrate kreativ ersetzen

Wer sich für eine Low-Carb-Ernährung entscheidet, muss nicht zwangsläufig für den Rest seines Lebens Steak und Salat essen. Allein in diesem Buch finden Sie zahlreiche kreative Rezepte, die Low Carb zum Genuss werden lassen. Wer Pasta, Reis und Co. dennoch vermisst, findet zu den heiß geliebten Kohlenhydratbomben viele Alternativen.

Spaghetti aus Gemüse

Sie brauchen einen Ersatz für Pasta? Versuchen Sie es doch einmal mit Gemüsespaghetti (siehe S. 66)! Einfach Zucchini oder Möhren mit dem Messer, dem Gemüseschäler oder einer speziellen Küchenmaschine zu Spaghetti schneiden und mit einer passenden Soße (z. B. Carbonara oder Bolognese) zubereiten. Vorteil: Die Gemüsepasta muss noch nicht einmal gekocht werden! Einfach kurz in heißem Salzwasser ziehen lassen und ab in die Soße.

Kohl statt Kartoffel

Kohlsorten sollten bei Low-Carb-Anhängern hoch im Kurs stehen. Geschmacklich sind sie ein fabelhafter Ersatz für Kartoffeln, haben aber fast sechsmal weniger Kohlenhydrate. So lässt sich z. B. Kartoffelbrei wunderbar durch Blumenkohl- oder Brokkolipüree (siehe

S. 64) ersetzen. Und Kohlrabi eignet sich ideal als Hauptzutat für den falschen Kartoffel-salat (siehe S. 62).

Blumenkohlreis

Eine weitere Möglichkeit, Kohlenhydrate durch Blumenkohl zu ersetzen, ist der trendige Blumenkohlreis (siehe S. 70). Hier wird die weiße Kohlsorte in reiskorngroße Stücke geschnitten oder gehobelt und dann in etwas Öl oder Butter angebraten. Blumenkohlreis besitzt kaum Eigengeschmack und passt toll zu asiatischen oder soßenlastigen Gerichten. Eine weitere Verwendung des zerkleinerten Blumenkohls ist die Verarbeitung in Pizza-oder Tarteböden (siehe S. 86). Zusammen mit Eiern und Käse vermischt und im Ofen vorgebacken, ergibt dies einen kohlenhydratarmen Teig, der dann nach Herzenslust belegt werden kann.

Quinoa statt Reis

Quinoa enthält viele hochwertige Proteine und Ballaststoffe und besitzt einen hohen Eisen- und Magnesiumanteil. So ist das Pseudogetreide, das sich einer immer größeren Beliebtheit erfreut, die perfekte Alternative zu Reis. Zu finden ist es in gut sortierten Supermärkten, im Reformhaus sowie in den Bioabteilungen gut sortierter Drogeriemärkte.

Mandelmehl statt Weißmehl

Entöltes Mandelmehl wird besonders gerne zum Backen verwendet, da es bis zu 100 Prozent der gesamten Mehlmenge eines Rezepts ersetzen kann. Als Faustregel gilt: pro 100 Gramm Weizenmehl sollte man 50 Gramm Mandelmehl verwenden. Mandelmehl erhält nur ca. 4 Gramm Kohlenhydrate pro 100 Gramm und ist somit eine wunderbare Alternative beim Backen. Achten Sie darauf, dass das Mandelmehl entölt ist, da Sie dadurch noch eine Menge Kalorien einsparen können. Da Mandelmehl mehr Flüssigkeit bindet, sollte man ca. 10 Prozent mehr Flüssigkeit zufügen, als im normalen Rezept angegeben ist.

Gemahlene Nüsse statt Weißmehl

Auch gemahlene Nüsse wie Mandeln oder Haselnüsse werden gerne in Low-Carb-Back-rezepten verwendet. Gemahlene Nüsse und Mandelmehl sehen sich zwar sehr ähnlich, aber sie unterscheiden sich in einigen Punkten. So sind die Nährwerte von Mandelmehl und gemahlenen Nüssen recht unterschiedlich, da gemahlene Nüsse fast zu 50 Prozent aus Fett bestehen. Auch im Geschmack unterscheiden sich Mandelmehl und gemahlene Nüsse. So besitzt Mandelmehl eine leichte Marzipannote, während die gemahlenen Man-

deln und gemahlenen Haselnüsse eher nach den ursprünglichen Nüssen schmecken. Gemahlene Nüsse ziehen nicht sehr viel Flüssigkeit und man verwendet in Backrezepten mit ihnen etwas mehr Ei, um eine gute Konsistenz zu erhalten.

Süßes Leben mit Xylit

Wenn es um Zuckerersatzstoffe geht, kommt man um Xylit nicht herum. Xylit ist ein Zuckeralkohol und süßt fast genauso gut wie der übliche Zucker. Dabei hat es 40 Prozent weniger Kalorien als Zucker und wirkt sich kaum auf den Blutzuckerspiegel aus. Zwar wird bei den Nährwerten zu Xylit ein relativ hoher Kohlenhydratanteil angegeben, da diese aber keine Auswirkung auf den Insulinspiegel haben, kann man diesen bei der Berechnung der Nährwerte von verschiedenstem Backwerk getrost vernachlässigen. Der Körper muss sich jedoch erst an Xylit gewöhnen, denn dieses hat zu Beginn eine leicht abführende und blähende Wirkung. Gewöhnen Sie Ihren Körper also langsam an diesen Zuckerersatz.

Süßen mit Stevia und Süßstoff

Desserts und feines Gebäck können auch mit Stevia oder Süßstoff gesüßt werden. Stevia wird aus der südamerikanischen Steviapflanze gewonnen, besitzt kaum Kalorien und süßt bis zu 300-mal mehr als normaler Zucker. Am besten verwendet man beim Backen Steviapulver, jedoch sollte man sich bei der Dosierung genau ans Rezept halten, da das Gebäck sonst bitter oder nach Lakritze schmecken kann. Auch mit Süßstoff lässt sich backen. Entweder man verwendet Flüssigsüßstoff oder sogenannte Streusüße. Streusüße hat eine ähnliche Süßkraft wie Zucker und lässt sich gut in verschiedenen Backrezepten verwenden. Hefe- und Knetteige lassen sich besonders gut mit Süßstoff herstellen.

Sattmacher Chiasamen

Chiasamen machen lange satt, denn in Milch, Saft oder Wasser verändern die aus Mittelamerika stammenden Samen ihre Konsistenz: Sie werden zu gelartigen Kugeln. Dabei vergrößert sich ihr Gewicht um das Neun- bis Zehnfache. Sie gelten deshalb auch als gutes Bindemittel und können in Marmelade (siehe S. 30) eingesetzt oder zu leckerem Pudding (siehe S. 126) verarbeitet werden.

Kakaopulver statt Schokolade

Kakaopulver gibt Desserts, Gebäck und süßen Gerichten einen leckeren Schokoladengeschmack und besitzt nur einen Bruchteil der Kalorien und Kohlenhydrate von handelsüblicher Schokolade. Greifen Sie am besten zu reinem, schwach entöltem Kakopulver. Dieses schmeckt besonders aromatisch. Instant-Kakao-Pulver sollten Sie dagegen meiden, es besteht hauptsächlich aus Zucker und hat in der Low-Carb-Küche nichts zu suchen.

Eiweißpulver nicht nur zum Trinken

Eiweißpulver eignet sich nicht nur dazu, nährstoffreiche Proteindrinks herzustellen, sondern kann auch gut zur Zubereitung von Waffeln, Pfannkuchen oder Gebäck verwendet werden. Da es in verschiedenen Geschmacksrichtungen erhältlich ist, wie z. B. Schokolade oder Vanille, gibt es süßen Gerichten oft den richtigen Kick.

Einfache Rezepte:
schnell und lecker

Die Rezepte in diesem Kochbuch sind nicht nur besonders einfach, sie lassen sich auch besonders schnell mit wenigen Zutaten herstellen. Nicht mehr als fünf Zutaten werden benötigt, um ein leckeres kohlenhydratarmes Gericht auf den Tisch zu zaubern. Von Frühstücksideen über Snacks, Salate und Beilagen zu sättigenden Hauptgerichten und schmackhaften Desserts ist alles dabei. Und selbst auf feine Kuchen und Gebäck muss niemand verzichten.

Die Rezepte sind dabei so aufgebaut, dass als Zutat nur die Hauptzutaten zählen. Gewürze wie Salz und Pfeffer oder Öl zum Anbraten werden nicht als Hauptzutat gezählt, diese sollte man immer vorrätig zu Hause haben. Richtig vorbereitet und geplant, steht Ihrem schnellen Kochvergnügen dann nichts mehr im Weg. Anbei finden Sie eine kleine Übersicht, was Sie auf jeden Fall im Vorratsschrank haben sollten und worauf man optional auch verzichten kann.

Die Würze macht's

Im Gewürzschrank sollte man zuallererst immer Salz und Pfeffer haben. Weitere Gewürze, die immer wieder benötigt werden, sind beispielsweise Paprika, Currypulver, Knoblauch-

pulver und Cayennepfeffer. Für süße Speisen sind vor allem Zimt und Vanillepulver unerlässlich. Wer gerne asiatisch kocht, sollte unbedingt Sojasoße im Vorratsschrank haben.

Öle für Dressings und zum Braten

Verschiedene Öle für das Anmachen von Salaten, zum Anbraten oder zum Frittieren gehören ebenfalls in jeden gut ausgestatteten Vorratsschrank. Für kalte Speisen wie Salate eignet sich besonders gut Olivenöl, am besten kalt gepresstes natives Olivenöl, dieses ist besonders aromatisch. Zum Braten und Frittieren eignet sich dieses aber nicht. Hierfür nehmen Sie am besten sogenannte High-Oleic-Öle, die einen besonders hohen Ölsäure-Anteil haben. Das kann z. B. Sonnenblumen- oder Distelöl sein. Wer gerne asiatisch kocht, sollte außerdem immer Sesamöl daheim haben. Hier können Sie zwischen dem mild schmeckenden, hellen Öl und der dunklen, aromatischen Variante wählen.

Zuckerersatzstoffe für die süße Low-Carb-Küche

Wer sich kohlenhydratarm ernährt, muss nicht auf Desserts und Süßspeisen verzichten. Gängige Ersatzstoffe für Zucker sind Flüssigsüßstoff, Stevia und Xylit. Stevia gibt es als Extrakt, das tropfenweise zugegeben wird, oder in Pulverform. Xylit gehört zu den Zuckeralkoholen und sieht wie gängiger Haushaltszucker aus. Da es bei manchen Menschen eine leicht abführende und blähende Wirkung hat, sollte man seinen Körper erst langsam an diesen Zuckerersatz gewöhnen.

Backpulver, Speisestärke und Puddingpulver

Wer gerne bäckt, sollte Backpulver und Speisestärke im Vorratsschrank haben. Beide halten sich lange und dürfen auch beim Low-Carb-Backen nicht fehlen. Puddingpulver ist übrigens eigentlich nur aromatisierte Speisestärke und findet sich ebenfalls in manchem Backrezept. Auch davon einen Vorrat mit den gängigsten Geschmacksrichtungen im Haus zu haben, ist zu empfehlen.

Kräuter für die Deko

Eher optional und mehr was fürs Auge sind Kräuter für die Dekoration. Wer nicht darauf verzichten möchte, kann die gängigsten Kräuter in Töpfen auf dem Fensterbrett ziehen und hat so immer einen Vorrat im Haus. Minze, Basilikum, Petersilie, Schnittlauch und Rosmarin gehören zu den altbewährten Kräutern, die sich gut als Würze und Deko eignen. Basilikum, Petersilie und Schnittlauch gibt es auch fertig geschnitten als TK-Produkt.

Frühstück

Knuspermüsli
low carb

Für ca. 400 g
Zubereitungszeit: ca. 10 Min. + ca. 1 Std. Backzeit

150 g gehackte
Mandeln

150 g gehackte
Haselnüsse

100 g Kernemischung
(z. B. Sonnenblumen-
kerne, Kürbiskerne)

1 Eiweiß

2 EL Honig

außerdem:
1 Prise Salz,
Zimt (nach Belieben)

Zubereitung

❯ Backofen auf 130 °C (Umluft: 110 °C) vorheizen. Backblech mit Backpapier auslegen. Mandeln, Haselnüsse und Kernemischung in eine Schüssel geben und vermischen. In einer weiteren Schüssel Eiweiß mit Salz steif schlagen. Honig unter den Eischnee heben. Trockene Zutaten zugeben und alles gut verrühren.

❯ Müslimischung gleichmäßig auf dem Backpapier verteilen. Im vorgeheizten Backofen auf der mittleren Schiene ca. 1 Stunde trocknen. Zwischendurch ca. 2–3 Mal durchrühren. Abkühlen lassen. Luftdicht verschlossen hält sich das Knuspermüsli in einer Dose oder einem großen Glas ca. 4 Wochen. Nach Belieben mit etwas Zimt genießen.

Pro Portion (40 g): ca. 262 kcal • 9 g EW • 22 g F • 5 g KH

Eiweißreiche
Bananen-Pancakes

Für 2 Portionen
Zubereitungszeit: ca. 20 Min.

2 Bananen   4 Eier   5 EL Eiweißpulver
mit Vanillegeschmack

50 ml Milch   außerdem: 2 EL Öl

Zubereitung

❭ Bananen schälen und einige Scheiben für die Dekoration abschneiden. Restliche Bananen mit einer Gabel zerdrücken und in eine Schüssel geben. Eier zufügen und verrühren. Eiweißpulver und Milch zufügen und zu einem Teig verrühren. Ist der Teig zu fest, etwas Milch zugeben. Bei zu flüssigem Teig mehr Eiweißpulver zufügen.

❭ Öl in einer Pfanne erhitzen. Eine Teigportion in die Pfanne geben und zu einem goldgelben Pancake backen. Mit dem restlichen Teig ebenso verfahren. Mit Bananenscheiben dekoriert servieren.

Pro Portion: ca. 641 kcal • 54 g EW • 30 g F • 36 g KH

Quinoa-Porridge
mit Beeren

Für 1 Portion
Zubereitungszeit: ca. 25 Min.

50 g Quinoa

200 g griechischer
Joghurt

100 ml Kokosmilch

100 g Himbeeren

100 g Heidelbeeren

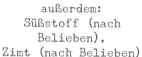

außerdem:
Süßstoff (nach
Belieben),
Zimt (nach Belieben)

Zubereitung

❯ Quinoa nach Packungsanleitung kochen. Abkühlen lassen. In eine Schüssel geben und mit Joghurt und Kokosmilch vermischen. Nach Belieben mit Süßstoff süßen und mit Zimt verfeinern.

❯ Beeren waschen und trocken tupfen. Quinoa-Porridge mit Beeren servieren.

❗ Für einen guten Start in den Tag lässt sich das Quinoa-Porridge prima am Vorabend vorbereiten und eignet sich auch hervorragend als gesundes Frühstück im Büro.

Pro Portion: ca. 701 kcal • 15 g EW • 45 g F • 54 g KH

Luftig-leichtes
Cloud Bread

Für ca. 8 Stück
Zubereitungszeit: ca. 35 Min.

3 Eier

100 g Doppelrahm-
Frischkäse

außerdem:
1 Prise Salz,
1 EL Backpulver

Zubereitung

❯ Backofen auf 150 °C (Umluft: 130 °C) vorheizen. Eier trennen. Eigelbe mit Frischkäse in einer Schüssel verrühren. Backpulver darüber sieben und zügig unterrühren. Eiweiße mit Salz steif schlagen und portionsweise unter die Frischkäse-Ei-Masse heben.

❯ Backblech mit Backpapier auslegen und die Frischkäse-Ei-Masse als kleine Kleckse darauf setzen (ausreichend Abstand lassen). Im vorgeheizten Backofen ca. 25 Minuten backen. Etwas auskühlen lassen.

❗ Cloud Bread gibt es auch als süße Variante. Hierfür einfach einige Spritzer Flüssigsüßstoff und Zimt mit in den Teig geben.

Pro Stück: ca. 60 kcal • 3 g EW • 5 g F • 1 g KH

Low-Carb-„Grießbrei"
mit Erdbeeren

Für 2 Portionen
Zubereitungszeit: ca. 5 Min. + ca. 30 Min. Kühlzeit

30 g Eiweißpulver
mit Vanillegeschmack

3 TL Flohsamen-
schalen

300 ml Milch

1 Handvoll Erdbeeren

außerdem:
Süßstoff (nach Belieben),
Minze für die Dekoration

Zubereitung

❯ Eiweißpulver und Flohsamenschalen in eine Schüssel geben und vermischen. Milch zugeben und alles gut verrühren. In 2 Schälchen füllen und ca. 30 Minuten kalt stellen.

❯ Brei nach Belieben mit Süßstoff süßen. Erdbeeren waschen, putzen, trocken tupfen und in Stücke schneiden. Low-Carb-„Grießbrei" mit Erdbeeren toppen und mit Minze dekoriert servieren.

Pro Portion: ca. 170 kcal • 17 g EW • 6 g F • 10 g KH

Himbeer-Marmelade
mit Chiasamen

Für 2 Portionen
Zubereitungszeit: ca. 5 Min. + ca. 30 Min. Quellzeit

200 g Himbeeren
(frisch oder TK-
Produkt)

½ Vanilleschote

2 EL Chiasamen

Zubereitung

❯ Himbeeren verlesen, waschen und trocken tupfen. TK-Produkt auftauen lassen. Himbeeren mit einem Stabmixer pürieren. Vanilleschote der Länge nach mit einem Messer halbieren und mit dem Messerrücken das Mark herauskratzen.

❯ Himbeerpüree, Vanillemark und Chiasamen verrühren, in ein Glas füllen und mindestens 30 Minuten im Kühlschrank quellen lassen.

❗ Die Himbeer-Marmelade sollte rasch aufgebraucht werden. Sie hält sich ca. 1 Woche im Kühlschrank.

Pro Portion: ca. 99 kcal • 3 g EW • 3 g F • 7 g KH

Frühstücks-Protein-Smoothie

Für 1 Portion
Zubereitungszeit: ca. 5 Min.

1 Banane

100 g Erdbeeren
(TK-Produkt)

200 g Magerquark

25 g Eiweißpulver
mit Vanillegeschmack

1-2 Spritzer
Zitronensaft

Zubereitung

> Banane schälen und klein schneiden. Eine Bananenscheibe und eine Erdbeere für die Dekoration beiseitelegen. Restliche Banane und Erdbeeren sowie Quark und Eiweißpulver in einen Mixer geben und kräftig mixen. Mit Zitronensaft abschmecken und mit Bananenscheibe und Erdbeere garniert servieren.

! Die Obstsorten lassen sich beliebig variieren. Probieren Sie den Frühstücks-Protein-Smoothie mit Banane und Himbeeren oder mit Banane und Mango. Statt Zitronensaft schmeckt auch 1 Schuss Orangensaft.

Pro Portion: ca. 380 kcal • 44 g EW • 3 g F • 44 g KH

Frühstücks-Shake
zum Wachwerden

Für 1 Portion
Zubereitungszeit: ca. 5 Min.

1 Tasse kalter
Kaffee

½ Tasse Milch

1 EL neutrales
Eiweißpulver

außerdem:
Süßstoff (nach Belieben),
1 Prise Kakaopulver, Minze für die Dekoration

Zubereitung

❯ Kaffee, Milch und Eiweißpulver in einen Mixer geben und kräftig mixen. Nach Belieben mit Süßstoff süßen und Kakaopulver darüberstäuben. Mit Minze dekoriert servieren.

❗ Für einen erfrischenden Start in den Morgen genießen Sie den Frühstücks-Shake mit Eiwürfeln. Besonders an heißen Tagen empfehlenswert.

Pro Portion: ca. 106 kcal • 8 g EW • 4 g F • 10 g KH

Low-Carb-Quark-Brot
mit Kernen

Für 1 Brot
Zubereitungszeit: ca. 10 Min. + ca. 1 Std. Backzeit

150 g Magerquark

4 Eier

50 g geschroteter Leinsamen

50 g gemahlene Mandeln

Kernemischung zum Bestreuen

außerdem:
$\frac{1}{2}$ TL Salz,
$\frac{1}{2}$ Pck. Backpulver

Zubereitung

❯ Backofen auf 170 °C (Umluft: 150 °C) vorheizen. Kastenform mit Backpapier auslegen. Quark, Eier, Leinsamen, Mandeln und Backpulver in eine Schüssel geben. Salz zufügen und alles gut verrühren. Teig in die Kastenform füllen, glatt streichen und ca. 5 Minuten ruhen lassen.

❯ Low-Carb-Quark-Brot nach Belieben mit Kernen bestreuen und im vorgeheizten Backofen auf der mittleren Schiene ca. 1 Stunde backen.

❗ Besonders gut schmeckt das Brot, wenn die Scheiben nochmals kurz getoastet werden.

Pro Brot: ca. 1110 kcal • 77 g EW • 76 g F • 15 g KH

Eierwolken
mit Käse

Für 2 Portionen
Zubereitungszeit: ca. 15 Min.

4 Eier

4 Scheiben Koch-
schinken

2 EL geriebener
Parmesan

1 EL klein gehackter
Schnittlauch

außerdem:
Salz, frisch gemahlener Pfeffer

Zubereitung

❯ Backofen auf 200 °C (Umluft: 180 °C) vorheizen. Backblech mit Backpapier auslegen. Eier trennen. Eiweiße steif schlagen. Kochschinken in Würfel schneiden und mit Parmesan unter den Eischnee heben. 4 Eischnee-Wolken auf das Backpapier geben. Mit einem Löffel in der Mitte der Wolken eine Vertiefung formen.

❯ Wolken im vorgeheizten Backofen ca. 3 Minuten backen. Backblech aus dem Ofen nehmen und jeweils 1 Eigelb in die Mitte der Eierwolken geben. Mit Salz und Pfeffer würzen und weitere ca. 2–3 Minuten backen, bis das Eigelb stockt. Mit Schnittlauch bestreut servieren.

Pro Portion: ca. 267 kcal • 28 g EW • 16 g F • 2 g KH

Spinat-Feta-Omelette
für den großen Hunger

Für 4 Portionen
Zubereitungszeit: ca. 30 Min.

8 Eier   100 ml Milch   1 Frühlingszwiebel

½ Pck. Rahmspinat
(TK-Produkt)   200 g Feta   außerdem:
Salz,
frisch gemahlener
Pfeffer,
2 EL Öl

Zubereitung

> Eier in eine Schüssel geben. Milch zufügen und verrühren. Mit Salz und Pfeffer würzen. Frühlingszwiebel putzen, waschen und in dünne Röllchen schneiden. Öl in einem Topf erhitzen und Frühlingszwiebel darin andünsten. Spinat zugeben und erhitzen. Mit Salz und Pfeffer abschmecken. Feta klein würfeln. Backofen auf 200 °C (Umluft: 180 °C) vorheizen.

> Öl in einer Pfanne erhitzen und ¼ der Eimasse zugeben. Bei geringer Hitze leicht stocken lassen. ¼ Spinat und Feta darauf verteilen, Omelette zusammenklappen und in eine Auflaufform legen. Mit den restlichen Omeletts ebenso verfahren. Spinat-Feta-Omeletts im vorgeheizten Backofen ca. 5 Minuten backen und heiß servieren.

Pro Portion: ca. 385 kcal • 24 g EW • 29 g F • 6 g KH

Herzhafte
Frühstücks-Muffins

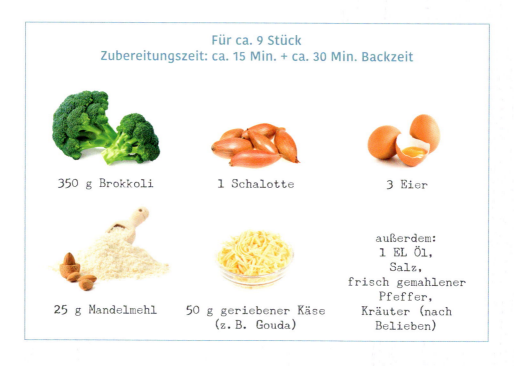

Für ca. 9 Stück
Zubereitungszeit: ca. 15 Min. + ca. 30 Min. Backzeit

350 g Brokkoli

1 Schalotte

3 Eier

25 g Mandelmehl

50 g geriebener Käse
(z. B. Gouda)

außerdem:
1 EL Öl,
Salz,
frisch gemahlener
Pfeffer,
Kräuter (nach
Belieben)

Zubereitung

❯ Backofen auf 180 °C (Umluft: 160 °C) vorheizen. Muffinform mit Öl ausstreichen. Brokkoli putzen, waschen, in Röschen teilen und klein schneiden. Schalotte schälen und klein würfeln. Öl in einer Pfanne erhitzen und Gemüse darin andünsten. Mit Salz, Pfeffer und Kräutern abschmecken.

❯ Eier in eine Schüssel geben und mit Mandelmehl und geriebenem Käse verrühren. Gemüse zugeben und alles gut vermischen. In Muffinformen füllen und im vorgeheizten Backofen ca. 30 Minuten backen.

Pro Stück: ca. 81 kcal • 6 g EW • 5 g F • 2 g KH

Omelette-Wraps
mit Lachs

Für 1 Portion
Zubereitungszeit: ca. 15 Min.

1 kleine Tomate

3 Eier

1 EL Kräuter-
Frischkäse

1 EL Zitronen-
saft

1 Scheibe
Räucherlachs

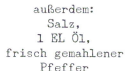

außerdem:
Salz,
1 EL Öl,
frisch gemahlener
Pfeffer

Zubereitung

❯ Tomate waschen, halbieren, vom Stielansatz befreien und vierteln. Eier in eine Schüssel geben, mit Salz würzen und verschlagen. Öl in einer Pfanne erhitzen und Eier darin bei mittlerer Hitze von beiden Seiten zu einem goldbraunen Omelette braten.

❯ Frischkäse mit Zitronensaft vermischen und mit Salz würzen. Omelette aus der Pfanne nehmen und mit Frischkäse bestreichen. Mit Pfeffer würzen und mit Räucherlachs belegen. Omelette zu einem Wrap rollen und schräg in Stücke schneiden. Omelette-Wraps mit Tomate servieren und genießen.

Pro Portion: ca. 488 kcal • 28 g EW • 39 g F • 5 g KH

Snacks,
Salate &
Beilagen

Bohnen-Salat
mit Walnüssen

Für 2 Portionen
Zubereitungszeit: ca. 20 Min. + ca. 1 Std. Ruhezeit

400 g grüne Bohnen
(frisch oder TK-
Produkt)

2 Schalotten

1-2 EL weißer
Balsamico

1 TL mittelscharfer
Senf

2 EL Walnüsse

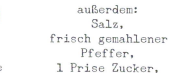

außerdem:
Salz,
frisch gemahlener
Pfeffer,
1 Prise Zucker,
2-3 EL Walnussöl

Zubereitung

❯ Bohnen putzen, waschen und in einem Topf mit kochendem Salzwasser ca. 8–10 Minuten bissfest garen. Durch ein Sieb abgießen, in Eiswasser abschrecken und gut abtropfen lassen. Schalotten schälen und fein hacken.

❯ Aus Balsamico, Senf, Salz, Pfeffer, Zucker und Öl eine Marinade herstellen. Schalotten zugeben und mit den abgetropften Bohnen vermischen. Bohnensalat ca. 1 Stunde ziehen lassen.

❯ Walnüsse in einer Pfanne ohne Fett anrösten, leicht abkühlen lassen und grob hacken. Bohnensalat nochmals abschmecken, Walnüsse darübergeben und servieren.

Pro Portion: ca. 256 kcal • 7 g EW • 19 g F • 12 g KH

Mediterrane
Auberginen-Türmchen

Für 2 Portionen
Zubereitungszeit: ca. 15 Min.

1 Aubergine

125 g Mozzarella

2 Tomaten

1 EL Zitronensaft

½ Bund Basilikum

außerdem:
2 EL Olivenöl,
Salz,
frisch gemahlener
Pfeffer

Zubereitung

❯ Aubergine waschen, putzen und in Scheiben schneiden. Mozzarella in Scheiben schneiden. Tomaten waschen, vom Stielansatz befreien und in Scheiben schneiden. Zitronensaft und Öl in einer Schüssel mischen und mit Salz und Pfeffer würzen. Auberginenscheiben mit Marinade bestreichen.

❯ Marinierte Auberginenscheiben in der Grillpfanne oder auf dem Grill ca. 2–3 Minuten auf jeder Seite goldgelb grillen. Basilikum waschen und trocken schütteln. Abwechselnd Auberginenscheiben, Tomaten, Mozzarella und Basilikum aufeinanderstapeln und servieren.

Pro Portion: ca. 346 kcal • 14 g EW • 28 g F • 8 g KH

Parmesan-Gouda-Chips
mit Knoblauch-Dip

Für 4 Portionen
Zubereitungszeit: ca. 25 Min. + ca. 15 Min. Backzeit

150 g Parmesan

100 g geriebener Gouda

1 EL getrockneter Oregano

1 Knoblauch-zehe

150 g Doppelrahm-Frischkäse

außerdem:
Salz,
frisch gemahlener Pfeffer

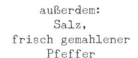

Zubereitung

❯ Backofen auf 180 °C (Umluft: 160 °C) vorheizen. Backblech mit Backpapier auslegen. Parmesan grob raspeln und mit geriebenem Gouda in einer Schüssel mischen. Käsemischung portionsweise in kleinen Häufchen auf dem Backpapier verteilen. Mit Oregano bestreuen und mit einem Löffel flach drücken.

❯ Im vorgeheizten Backofen ca. 15 Minuten backen. Abkühlen lassen und überschüssiges Fett auf Küchenkrepp abtropfen lassen. Knoblauch schälen und fein hacken. Mit Frischkäse verrühren und mit Salz und Pfeffer abschmecken. Parmesan-Gouda-Chips mit Knoblauch-Dip servieren.

Pro Portion: ca. 327 kcal • 21 g EW • 27 g F • 3 g KH

Sommerlicher
Spargel-Erdbeer-Salat

Für 2 Portionen
Zubereitungszeit: ca. 15 Min. + ca. 15 Min. Ruhezeit

5 Stangen grüner
Spargel

4 Kirsch-
tomaten

12 Erdbeeren

2 EL dunkler
Balsamico

außerdem:
1 EL Öl, Salz,
frisch gemahlener Pfeffer

Zubereitung

> Salzwasser in einem Topf zum Kochen bringen. Vom Spargel holzige Enden abschneiden, Spargel waschen und unteres Drittel schälen. Spargel schräg in mundgerechte Stücke schneiden und in kochendem Salzwasser ca. 5 Minuten garen. Tomaten waschen, halbieren und vom Stielansatz befreien. Erdbeeren waschen, putzen, trocken tupfen und vierteln.

> Spargel abgießen und mit Tomaten in eine Schüssel geben. Mit Balsamico und Öl beträufeln und vorsichtig vermischen. Mit Salz und Pfeffer abschmecken. Erdbeeren unterheben. Spargel-Erdbeer-Salat ca. 15 Minuten ziehen lassen. Vor dem Servieren nochmals abschmecken.

Pro Portion: ca. 138 kcal • 4 g EW • 8 g F • 11 g KH

Falscher Kartoffelsalat
aus Kohlrabi

Für 4 Portionen
Zubereitungszeit: ca. 35 Min. + ca. 6 Std. Ruhezeit

3 große Kohlrabi

3 Eier

1 große Zwiebel

½ Glas Gewürzgurken

Mayonnaise

außerdem:
Salz,
frisch gemahlener
Pfeffer

Zubereitung

❯ Kohlrabi schälen, waschen und in Stifte schneiden. Zarte Kohlrabiblätter beiseitelegen. Kohlrabi in ausreichend Salzwasser ca. 10–15 Minuten bissfest kochen. Abkühlen lassen.

❯ Eier in einem Topf mit kochendem Wasser hart kochen. Abkühlen lassen, schälen und klein würfeln. Zwiebel schälen und fein hacken. Gewürzgurken klein würfeln.

❯ Eier, Zwiebel und Gewürzgurken in einer Schüssel vermischen. Mit Salz, Pfeffer und etwas Gurkensud abschmecken. Kohlrabi untermischen. Mit Mayonnaise verfeinern und nochmals abschmecken. Kohlrabiblätter waschen, trocken tupfen, fein hacken und unter den Salat heben. Falschen Kartoffelsalat ca. 6 Stunden ziehen lassen.

Pro Portion: ca. 214 kcal • 11 g EW • 13 g F • 12 g KH

Thunfisch-Tomaten-Salat

Für 1 Portion
Zubereitungszeit: ca. 10 Min. + ca. 10 Min. Ruhezeit

1 kleine Dose Thun-
fisch im eigenen
Saft

1 kleine rote
Zwiebel

2 Kirsch-
tomaten

2-3 schwarze Oliven
ohne Stein

½ Bund
Basilikum

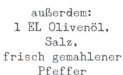

außerdem:
1 EL Olivenöl,
Salz,
frisch gemahlener
Pfeffer

Zubereitung

> Thunfisch abtropfen lassen. Zwiebel schälen und in feine Ringe schneiden. Tomaten waschen, halbieren, vom Stielansatz befreien und vierteln. Oliven in Ringe schneiden. Basilikum waschen, trocken schütteln und Blättchen abzupfen.

> Thunfisch zerpflücken und mit Zwiebel, Tomaten und Oliven in einer Schüssel vorsichtig vermischen. Öl zufügen und mit Salz und Pfeffer abschmecken. Ca. 10 Minuten ziehen lassen. Mit Basilikum dekoriert servieren.

Pro Portion: ca. 287 kcal • 22 g EW • 20 g F • 6 g KH

Cremiges
Brokkoli-Püree

Für 2 Portionen
Zubereitungszeit: ca. 15 Min.

750 g Brokkoli
(TK-Produkt)

3 EL Crème fraîche

1 EL geriebener
Parmesan

Olivenöl

außerdem:
Salz, frisch gemahlener Pfeffer,
Kerbel für die Dekoration

Zubereitung

❯ Brokkoli in einem Topf mit ausreichend Salzwasser gar kochen. Durch ein Sieb abgießen und mit Crème fraîche und Parmesan pürieren. Mit Salz und Pfeffer abschmecken.

❯ Brokkoli-Püree mit Kerbel dekoriert servieren. Etwas Olivenöl über das Püree träufeln und servieren.

Pro Portion: ca. 244 kcal • 16 g EW • 12 g F • 11 g KH

Zoodles
mit scharfer Tomatensoße

Für 2 Portionen
Zubereitungszeit: ca. 25 Min.

3 unbehandelte
Zucchini

3 Knoblauchzehen

2 Chilischoten

500 g Kirschtomaten

100 g Parmesan
(nach Belieben)

außerdem:
3 EL Olivenöl,
Salz,
frisch gemahlener
Pfeffer

Zubereitung

❯ Zucchini putzen, waschen und in lange dünne Streifen schneiden. Knoblauch schälen und fein hacken. Chilischoten waschen, halbieren, Kerne herausschneiden und in feine Streifen schneiden. Tomaten waschen, halbieren, vom Stielansatz befreien und würfeln.

❯ Öl in einem Topf erhitzen und Knoblauch und Chili darin anbraten. Tomaten zugeben und alles etwas einköcheln lassen. Zoodles zugeben und ca. 10–15 Minuten bei geringer Hitze garen. Parmesan hobeln. Mit Salz und Pfeffer abschmecken. Zoodles nach Belieben mit Parmesan bestreut servieren.

❗ Mit einem Spiralschneider lassen sich Zoodles besonders schnell herstellen.

Pro Portion: ca. 503 kcal • 27 g EW • 36 g F • 19 g KH

Low-Carb-Wrap
mit viel Eiweiß

Für 2 Portionen
Zubereitungszeit: ca. 10 Min. + ca. 20 Min. Backzeit

100 g Magerquark

1 Ei

1 EL Leinsamenmehl

100 g geriebener
Käse (z.B. Gouda)

außerdem:
Salz,frisch gemahlener Pfeffer

Zubereitung

❯ Backofen auf 180 °C (Umluft: 160 °C) vorheizen. Backblech mit Backpapier auslegen. Quark, Ei, Leinsamenmehl und geriebenen Käse in einer Schüssel verrühren. Mit Salz und Pfeffer abschmecken.

❯ Teig auf das Backpapier streichen oder kleine runde Fladen formen und im vorgeheizten Backofen ca. 15–20 Minuten goldbraun backen.

❗ Die Wraps können nach Belieben gefüllt werden, z. B. mit grünem Spargel, Tomaten und Petersilie.

Pro Portion: ca. 259 kcal • 21 g EW • 19 g F • 1 g KH

Würzige
Edamame

Für 2 Portionen
Zubereitungszeit: ca. 15 Min.

500 g Edamame
(frisch oder TK-
Produkt)

2 Knoblauchzehen

1 Stück Ingwer
(ca. 2 cm)

1 rote Chilischote

2 TL Sojasoße

außerdem:
Salz,
3 TL Sesamöl

Zubereitung

❯ Edamame in einen Topf mit kochendem Salzwasser geben und ca. 5 Minuten garen. Knoblauch und Ingwer schälen und fein hacken. Chilischote waschen, halbieren, Kerne herausschneiden und in feine Ringe schneiden.

❯ Sesamöl in einer Pfanne erhitzen. Knoblauch, Ingwer und Chili bei mittlerer Hitze darin anbraten. Sojasoße zugeben. Edamame über ein Sieb abgießen, zugeben, alles verrühren und ca. 1 Minute ziehen lassen.

❗ Die grünen Sojabohnen werden ohne Hülsen gegessen. Hierfür nimmt man die Schote in den Mund, schiebt die Bohnen mit den Zähnen heraus und wirft die Schoten weg.

Pro Portion: ca. 264 kcal • 21 g EW • 13 g F • 9 g KH

Panierte
Zucchini-Pommes

Für 2 Portionen
Zubereitungszeit: ca. 20 Min. + ca. 10 Min. Backzeit

2 große Zucchini

50 g gemahlene
Mandeln

30 g geriebener
Parmesan

1 EL Oregano

1 Ei

außerdem:
Salz,
Petersilie für die
Dekoration

Zubereitung

❭ Backofen auf 240 °C (Umluft: 220 °C) vorheizen. Backblech mit Backpapier auslegen. Zucchini putzen, waschen und in dicke Stifte schneiden. Mandeln, Parmesan und Oregano in einem tiefen Teller vermischen. Ei mit Salz in einer Schüssel verschlagen.

❭ Zuchinistifte in die Schale mit Ei tauchen und in der Mandel-Parmesan-Mischung wenden. Panierte Zucchini-Pommes auf das Backpapier legen und im vorgeheizten Backofen ca. 10–15 Minuten goldbraun backen. Petersilie hacken und über die die Zucchini-Pommes streuen.

❗ Zucchini-Pommes mit Kräuter-Knoblauch-Dip servieren.

Pro Portion: ca. 326 kcal • 21 g EW • 22 g F • 11 g KH

Trendiger
Blumenkohl-„Reis"

Für 4 Portionen
Zubereitungszeit: ca. 15 Min.

1 Blumenkohl

1 Zwiebel

1-2 Knoblauchzehen

außerdem:
1-2 EL Öl, Salz

Zubereitung

❯ Blumenkohl putzen, waschen und in Röschen teilen. Röschen mit der Küchenmaschine oder mit einem großen Messer zerkleinern, bis sie die Größe von Reiskörnern haben. Zwiebel und Knoblauch schälen und fein hacken.

❯ Öl in einer großen Pfanne erhitzen und Zwiebel und Knoblauch darin kurz anbraten. Blumenkohlreis zugeben und unter Rühren ca. 3–5 Minuten mitbraten. Mit Salz abschmecken und servieren.

Pro Portion: ca. 113 kcal • 4 g EW • 7 g F • 5 g KH

Brokkoli-Parmesan-Puffer

Für 4 Portionen
Zubereitungszeit: ca. 30 Min.

1 Brokkoli

1 Knoblauchzehe

1 Ei

100 g gemahlene Mandeln

100 g geriebener Parmesan

außerdem:
Salz,
frisch gemahlener Pfeffer,
4 EL Öl

Zubereitung

❭ Brokkoli putzen, waschen und in Röschen teilen. In einem Topf mit kochendem Salzwasser ca. 5 Minuten kochen. Durch ein Sieb abgießen. Röschen mit der Küchenmaschine oder mit einem großen Messer zerkleinern. Knoblauch schälen und fein hacken.

❭ Brokkoli in eine Schüssel geben und mit Knoblauch, Ei, gemahlenen Mandeln und geriebenem Parmesan zu einem Teig verrühren. Mit Salz und Pfeffer abschmecken. Öl in einer Pfanne erhitzen. Teig portionsweise hineingeben und Brokkoli-Parmesan-Puffer bei mittlerer Hitze von beiden Seiten goldgelb backen. Auf Küchenpapier abtropfen lassen.

Pro Portion: ca. 440 kcal • 21 g EW • 35 g F • 6 g KH

Avocado
mit Käse-Walnuss-Füllung

Für 4 Portionen
Zubereitungszeit: ca. 15 Min.

75 g Walnüsse

150 g Gorgonzola

2 EL Crème fraîche

1 TL Zitronensaft

2 Avocados

außerdem:
Salz,
frisch gemahlener
Pfeffer

Zubereitung

❯ Walnüsse in einer Pfanne ohne Fett kurz anrösten. Herausnehmen und etwas abkühlen lassen. 4 Walnusskerne für die Dekoration beiseitelegen. Restliche Nüsse fein hacken. Gorgonzola in kleine Würfel schneiden und 4 Würfel beiseitelegen. Restlichen Gorgonzola mit Crème fraîche und ½ Teelöffel Zitronensaft in einem Mixer fein pürieren. Mit Salz und Pfeffer abschmecken und gehackte Walnüsse unterheben.

❯ Avocados halbieren und entkernen. Schnittflächen mit restlichem Zitronensaft bestreichen. Käse-Walnuss-Creme auf die Avocadohälften geben und mit je 1 Würfel Gorgonzola und je 1 Walnusskern garniert servieren.

Pro Portion: ca. 512 kcal • 12 g EW • 50 g F • 2 g KH

Hauptgerichte

Thunfisch-Frikadellen
mit Weißkohl

Für 2 Portionen
Zubereitungszeit: ca. 25 Min.

2 Dosen Thunfisch
im eigenen Saft

150 g Weißkohl

1 kleine Zwiebel

2 EL Kräuter-
Frischkäse

1 Ei

außerdem:
Salz,
frisch gemahlener
Pfeffer,
2 EL Öl

Zubereitung

❯ Thunfisch abtropfen lassen. Weißkohl putzen, waschen und mit der Küchenmaschine fein zerkleinern. Zwiebel schälen und fein hacken.

❯ Thunfisch, Weißkohl und Zwiebel in eine Schüssel geben und mit Frischkäse und Ei vermischen. Mit Salz und Pfeffer abschmecken. Aus dem Teig Frikadellen formen. Öl in einer Pfanne erhitzen und Thunfisch-Frikadellen darin von beiden Seiten goldgelb braten.

Pro Portion: ca. 416 kcal • 44 g EW • 23 g F • 6 g KH

Schnelle
Hähnchen-Pilz-Pfanne

Für 2 Portionen
Zubereitungszeit: ca. 20 Min.

250 g Hähnchenbrust-
filet

200 g Champignons

2 Frühlingszwiebeln

100 g Kirschtomaten

2 EL Frischkäse

außerdem:
1 EL Öl,
Salz,
frisch gemahlener
Pfeffer,
Cayennepfeffer

Zubereitung

❯ Hähnchenbrustfilet in mundgerechte Stücke schneiden. Champignons putzen, mit einem Tuch abreiben und in Scheiben schneiden. Frühlingszwiebeln putzen, waschen und in dünne Röllchen schneiden. Tomaten waschen, halbieren, vom Stielansatz befreien und vierteln.

❯ Öl in einer Pfanne erhitzen und Hähnchenbrustfilet darin anbraten. Champignons und Frühlingszwiebel zugeben und kurz mitbraten. Tomaten und Frischkäse zugeben, umrühren und weitere ca. 5 Minuten bei geringer Hitze köcheln lassen. Mit Salz, Pfeffer und Cayennepfeffer abschmecken.

Pro Portion: ca. 278 kcal • 33 g EW • 13 g F • 5 g KH

Schweinefilet im Speckmantel

Für 3 Portionen
Zubereitungszeit: ca. 1 Std.

1 großes Schweine-
filet

200 g braune
Champignons

200 g Kirsch-
tomaten

2 Pck. Bacon

außerdem:
frisch gemahlener Pfeffer,
Paprika, Salz

Zubereitung

› Backofen auf 200 °C (Umluft: 180 °C) vorheizen. Schweinefilet mit Pfeffer und Paprika würzen. Champignons putzen, mit einem Tuch abreiben und halbieren. Tomaten waschen, putzen und ebenfalls halbieren.

› Baconscheiben dicht nebeneinanderlegen, sodass sich die Scheiben leicht überlappen. Filet auf die Scheiben legen, mit Bacon umwickeln und in eine Auflaufform legen. Champignons und Tomaten in der Auflaufform verteilen und salzen. Schweinefilet im Speckmantel im vorgeheizten Backofen ca. 45 Minuten garen.

Pro Portion: ca. 435 kcal • 58 g EW • 21 g F • 2 g KH

Gefüllter Blumenkohl
mit Hackfleisch

Für 4 Portionen
Zubereitungszeit: ca. 30 Min. + ca. 30 Min. Backzeit

1 Blumenkohl

1 Scheibe Toastbrot

2 Eier

400 g Schweine-
hackfleisch

1 EL Tomaten-
ketchup

außerdem:
Salz, Kräuter
(nach Belieben)

Zubereitung

❭ Backofen auf 200 °C (Umluft: 180 °C) vorheizen. Backblech mit Backpapier auslegen. Blumenkohl putzen und waschen. In einem Topf mit ausreichend Salzwasser ca. 5 Minuten kochen. Toastbrot in etwas Wasser einweichen. 1 Ei trennen. Blumenkohl herausnehmen und abtropfen lassen.

❭ Hackfleisch mit ausgedrücktem Toastbrot, 1 Eigelb, Salz und Tomatenketchup vermischen und vorsichtig zwischen den Blumenkohlröschen verteilen. Eiweiß mit restlichem Ei verschlagen und Blumenkohl damit von allen Seiten einstreichen. Auf das Backpapier setzen und im vorgeheizten Backofen auf der untersten Schiene ca. 30 Minuten backen. Nach Belieben mit gehackten Kräutern anrichten.

Pro Portion: ca. 337 kcal • 27 g EW • 20 g F • 9 g KH

Zwiebel-Tarte
mit Blumenkohl-Boden

Für 1 Tarte
Zubereitungszeit: ca. 15 Min. + ca. 40 Min. Backzeit

250 g Blumenkohl

2 Eier

200 g geriebener Käse (z. B. Bergkäse)

2 Zwiebeln

200 g Crème fraîche

außerdem:
Salz, frisch gemahlener Pfeffer, Petersilie für die Dekoration

Zubereitung

❯ Backofen auf 180 °C (Umluft: 160 °C) vorheizen. Backblech mit Backpapier auslegen. Blumenkohl putzen, waschen und in Röschen teilen. Röschen zerkleinern, bis sie die Größe von Reiskörnern haben. Mit Eiern und 150 Gramm Käse vermischen und salzen.

❯ Teig auf das Backpapier geben und mithilfe eines Springformrandes in eine runde Form bringen. Im vorgeheizten Backofen ca. 25 Minuten backen. Zwiebeln schälen und in feine Ringe schneiden. Crème fraîche mit restlichem Käse vermischen und würzen.

❯ Boden aus dem Ofen nehmen, mit Crème fraîche bestreichen und mit Zwiebelringen belegen. Weitere ca. 15 Minuten backen und mit Petersilie bestreut servieren.

Pro Tarte: ca. 1666 kcal • 79 g EW • 137 g F • 26 g KH

Thunfisch-Soufflés
mit Käse

Für 2 Portionen
Zubereitungszeit: ca. 10 Min. + ca. 15 Min. Backzeit

150 g Thunfisch im
eigenen Saft

1 Zwiebel

2 Handvoll geriebener
Käse (z. B. Gouda)
und etwas Käse zum
Überbacken

2 gehäufte EL
Hüttenkäse

2 Eier

außerdem:
Salz, frisch gemahlener
Pfeffer, Rosmarin
(nach Belieben),
Fett für die Form

Zubereitung

❯ Thunfisch abtropfen lassen und zerpflücken. Zwiebel schälen und fein hacken. Thunfisch und Zwiebel in eine Schüssel geben und mit Käse und Hüttenkäse vermischen. Eier trennen. Eigelbe mit Salz und Pfeffer würzen und verschlagen. Zum Thunfisch geben und alles gut vermischen. Thunfisch-Masse mit Salz, Pfeffer und nach Belieben mit Rosmarin würzen. Eiweiße mit etwas Salz steif schlagen und unter die Thunfisch-Masse heben.

❯ Förmchen mit Fett ausstreichen. Eine Tasse Wasser in die Mikrowelle stellen und aufkochen lassen. Thunfisch-Soufflés in die Förmchen füllen und mit der Tasse Wasser in die Mikrowelle stellen. Auf voller Leistungsstufe ca. 10 Minuten garen. Soufflés mit etwas Käse bestreuen und mit der Grillstufe ca. 6 Minuten überbacken. Heiß servieren.

Pro Portion: ca. 476 kcal • 51 g EW • 28 g F • 3 g KH

Mangold-Feta-Gratin
mit Pilzen

Für 4 Portionen
Zubereitungszeit: ca. 15 Min. + ca. 35 Min. Backzeit

500 g Mangold

400 g Hackfleisch

400 g Champignons

200 g Feta

180 g geriebener
Käse (z. B. Gouda)

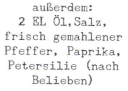

außerdem:
2 EL Öl, Salz,
frisch gemahlener
Pfeffer, Paprika,
Petersilie (nach
Belieben)

Zubereitung

❯ Mangold putzen und waschen. Stiele klein schneiden, Blätter in ca. 1 Zentimeter breite Streifen schneiden. Hackfleisch mit 1 Esslöffel Öl krümelig braten. Mit Gewürzen abschmecken. Mangold-Stiele zugeben. Bei geringer Hitze ca. 10 Minuten dünsten. Backofen auf 180 °C (Umluft: 160 °C) vorheizen. Gratinform mit restlichem Öl ausstreichen.

❯ Champignons putzen, mit einem Tuch abreiben und in Scheiben schneiden. Feta grob zerkrümeln. Klein geschnittene Mangold-Blätter in der Gratinform verteilen. Champignons daraufllegen. Hackfleisch-Mangold-Masse gleichmäßig darauf verteilen. Geriebenen Käse und Feta darüberstreuen. Im vorgeheizten Backofen ca. 30–35 Minuten auf der mittleren Schiene backen. Nach Belieben mit Petersilie dekoriert servieren.

Pro Portion: ca. 621 kcal • 43 g EW • 47 g F • 2 g KH

Leinsamen-Pizza Margherita

Für 1 Pizza
Zubereitungszeit: ca. 20 Min. + ca. 28 Min. Backzeit

150 g geschroteter
Leinsamen

80 g geriebener
Parmesan

2 große Eier

Tomaten-
soße

100 g geriebener
Käse

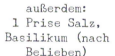

außerdem:
1 Prise Salz,
Basilikum (nach
Belieben)

Zubereitung

❯ Backofen auf 180 °C (Umluft: 160 °C) vorheizen. Backblech mit Backpapier auslegen. Leinsamen in eine Schüssel geben und mit Parmesan, Eiern und Salz zu einem Brei verrühren. Masse auf das Backpapier geben und Frischhaltefolie darüberlegen. Mit dem Nudelholz gleichmäßig sehr dünn ausrollen. Frischhaltefolie entfernen.

❯ Teig im vorgeheizten Backofen ca. 8 Minuten backen. Herausnehmen und Temperatur des Backofens auf 200 °C (Umluft 180 °C) erhöhen. Boden mit Tomatensoße bestreichen und mit geriebenem Käse bestreuen. Im vorgeheizten Backofen weitere ca. 15–20 Minuten backen. Leinsamen-Pizza Margherita in Stücke schneiden und nach Belieben mit Basilikum dekoriert servieren.

Pro Pizza: ca. 1551 kcal • 109 g EW • 108 g F • 13 g KH

Asiatische Rindfleischpfanne

Für 4 Portionen
Zubereitungszeit: ca. 20 Min.

1 kg grüner Spargel   1 Zwiebel   1 rote Chilischote

½ Glas Maiskölbchen   400 g Rinderfilet   außerdem:
2 EL Öl,
Salz,
Sojasoße,
Speisestärke

Zubereitung

❯ Vom Spargel holzige Enden abschneiden, Spargel waschen und unteres Drittel schälen. Spargel in mundgerechte Stücke schneiden. Zwiebel schälen und in grobe Stücke schneiden. Chilischote waschen, halbieren, die Kerne herausschneiden und in feine Streifen schneiden. Maiskölbchen in einem Sieb abtropfen lassen.

❯ Rinderfilet in Streifen schneiden. Öl in einer Pfanne erhitzen und Fleisch portionsweise darin ca. 2 Minuten anbraten. Herausnehmen und mit Salz würzen. Gemüse in die Pfanne geben und darin unter vorsichtigem Rühren ca. 5 Minuten braten. In einer Schüssel Sojasoße mit etwas Wasser und Speisestärke verrühren. In die Pfanne geben, Fleisch zufügen und alles nochmals erhitzen. Heiß servieren.

Pro Portion: ca. 268 kcal • 27 g EW • 11 g F • 12 g KH

Lachs
auf Avocado-Tomaten-Salsa

Für 4 Portionen
Zubereitungszeit: ca. 15 Min. + ca. 8 Min. Backzeit

4 küchenfertige
Lachsfilets

600 g Tomaten

1 Avocado

6 Stängel Petersilie

2 EL Limettensaft

außerdem:
Salz,
frisch gemahlener
Pfeffer,
1 EL Olivenöl

Zubereitung

❯ Backofen auf 180 °C (Umluft: 160 °C) vorheizen. Lachsfilets waschen, trocken tupfen und würzen. Lachsfilets im vorgeheizten Backofen auf einem Gitterrost (Fettpfanne darunterstellen!) ca. 6–8 Minuten garen.

❯ Tomaten waschen, halbieren, vom Stielansatz befreien und würfeln. Avocado halbieren und entkernen. Fruchtfleisch mit einem Löffel entnehmen und würfeln. Petersilie waschen, trocken schütteln und fein hacken. Tomaten, Avocado und Petersilie in einer Schüssel miteinander vermischen, Limettensaft und Öl zugeben und mit Salz und Pfeffer abschmecken. Lachs auf Salsa anrichten und servieren.

Pro Portion: ca. 311 kcal • 34 g EW • 20 g F • 5 g KH

Zucchini
mit Pilz-Frischkäse-Füllung

Für 2 Portionen
Zubereitungszeit: ca. 20 Min. + ca. 25 Min. Backzeit

2 große Zucchini

100 g Champignons

1 kleine Zwiebel

150 g Doppelrahm-
Frischkäse

80 g geriebener Käse
(z. B. Gouda)

außerdem:
Fett für die Form,
Salz,
frisch gemahlener
Pfeffer,
Dill (nach Belieben)

Zubereitung

❯ Backofen auf 200 °C (Umluft: 180 °C) vorheizen. Auflaufform mit Fett ausstreichen. Zucchini putzen, waschen und der Länge nach halbieren. Fruchtfleisch mit einem Löffel entnehmen und sehr fein hacken. Champignons putzen, mit einem Tuch abreiben und klein schneiden. Zwiebel schälen und fein hacken.

❯ Zucchini, Champignons und Zwiebel in eine Schüssel geben und mit Frischkäse vermischen. Mit Salz und Pfeffer würzen. Füllung gleichmäßig in den ausgehöhlten Zucchinihälften verteilen und glatt streichen. In die Auflaufform legen und mit geriebenem Käse bestreuen. Nach Belieben mit gehacktem Dill bestreuen. Im vorgeheizten Backofen ca. 20–25 Minuten backen.

Pro Portion: ca. 456 kcal • 16 g EW • 40 g F • 8 g KH

Hähnchenbrust
auf Quinoa-Gemüse

Für 6 Portionen
Zubereitungszeit: ca. 40 Min.

250 g Quinoa

2 große Zucchini

4 große Möhren

1 Knoblauchzehe

6 Hähnchenbrüste

außerdem:
1 EL Olivenöl,
Salz,
frisch gemahlener
Pfeffer,
Basilikum für die
Dekoration

Zubereitung

❭ Quinoa waschen und abtropfen lassen. Quinoa in Öl kurz anrösten. Mit 750 Milliliter Wasser ablöschen und zugedeckt ca. 20 Minuten köcheln lassen.

❭ Zucchini und Möhren putzen, schälen und fein würfeln. Knoblauch schälen und fein hacken. Quinoa in einem Sieb abtropfen lassen und in eine Pfanne geben. Gemüse zugeben, mit Salz und Pfeffer würzen und alles anbraten.

❭ Hähnchenbrüste waschen und trocken tupfen. Öl in einer Grillpfanne erhitzen und Hähnchenbrüste darin goldbraun braten. Mit Salz und Pfeffer würzen. Hähnchenbrust auf Quinoa-Gemüse anrichten und mit Basilikum dekoriert servieren.

Pro Portion: ca. 347 kcal • 37 g EW • 6 g F • 33 g KH

Überbackener Rosenkohl

Für 4 Portionen
Zubereitungszeit: ca. 20 Min. + ca. 15 Min. Backzeit

2 Pck. Rosenkohl
(TK-Produkt)

250 g Bacon

250 g geriebener
Käse

200 g Crème fraîche

außerdem: Fett für die Form

Zubereitung

› Backofen auf 250 °C (Umluft: 230 °C) vorheizen. Auflaufform mit Fett ausstreichen. Rosenkohl nach Packungsanweisung zubereiten. Bacon in Streifen schneiden. Geriebenen Käse und Crème fraîche in einer Schüssel verrühren.

› Rosenkohl in die Auflaufform legen und Käse-Crème-fraîche-Mischung darübergeben. Mit Baconstreifen belegen. Im vorgeheizten Backofen ca. 10–15 Minuten überbacken.

Pro Portion: ca. 704 kcal • 34 g EW • 55 g F • 14 g KH

Vietnamesische Sommerrollen

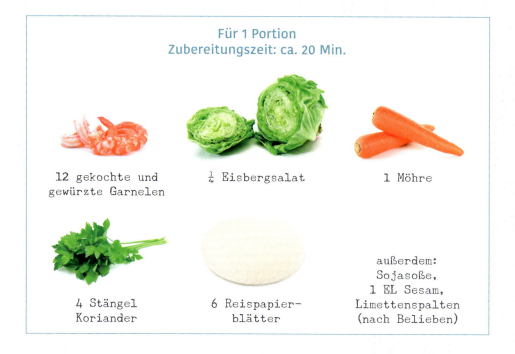

Für 1 Portion
Zubereitungszeit: ca. 20 Min.

12 gekochte und gewürzte Garnelen

$\frac{1}{4}$ Eisbergsalat

1 Möhre

4 Stängel Koriander

6 Reispapier-blätter

außerdem:
Sojasoße,
1 EL Sesam,
Limettenspalten
(nach Belieben)

Zubereitung

❯ Garnelen längs halbieren. Eisbergsalat putzen, waschen und trocken schütteln. 2–3 Blätter in kleinere Stücke reißen. Möhre putzen, schälen und fein würfeln. Koriander waschen, trocken tupfen und fein schneiden.

❯ Reispapier jeweils 1–2 Minuten in kaltes Wasser legen, bis es weich ist. Reispapier mittig mit Garnelen, Salat, Möhren und Koriander belegen. Seiten der Reispapierblätter vorsichtig über die Füllung legen und alles fest aufrollen. Sojasoße in ein Schälchen füllen und mit Sesam vermischen. Sommerrollen nach Belieben mit Limettenspalten servieren und Sojasoße zum Dippen reichen.

Pro Portion: ca. 345 kcal • 24 g EW • 5 g F • 50 g KH

Desserts und Süßes

Sahnige
Nuss-Nugat-Creme

Für 1 Glas
Zubereitungszeit: ca. 10 Min. + ca. 1 Std. Kühlzeit

60 g Butter

150 g Sahne

2 EL Kakaopulver

50 g gemahlene
Mandeln

außerdem:
flüssiger Süßstoff (nach Belieben)

Zubereitung

› Butter in einem kleinen Topf schmelzen und etwas abkühlen lassen. Mit Sahne, Kakao und Mandeln mischen. Nach Belieben 1–2 Spritzer flüssigen Süßstoff zugeben. Nuss-Nugat-Creme in ein Glas füllen und ca. 1 Stunde kalt stellen.

! Statt gemahlener Mandeln können Sie auch gemahlene Haselnüsse verwenden. Die Nuss-Nugat-Creme schmeckt sehr gut zu Waffeln, Pancakes und Eiweißbrot.

Pro Glas: ca. 1268 kcal • 20 g EW • 127 g F • 9 g KH

Frittierte
Quarkbällchen

Für 2 Portionen
Zubereitungszeit: ca. 30 Min.

140 g Magerquark

80 g Eiweißpulver
mit Vanillegeschmack

2 Eier

Puderxylit
zum Bestäuben

außerdem:
1 Pck. Backpulver, Öl zum Frittieren

Zubereitung

❯ Quark in eine Schüssel geben und mit Eiweißpulver, Backpulver und Eiern gut verrühren. Zu einem glatten Teig verkneten. Ausreichend Öl in einem Topf (ca. 4–5 Zentimeter hoch) oder in einer Fritteuse erhitzen. Aus dem Teig kleine, murmelgroße Bällchen formen.

❯ Bällchen vorsichtig in das heiße Öl geben und von allen Seiten goldbraun frittieren. Herausnehmen und auf Küchenkrepp abtropfen lassen. Mit Puderxylit bestäuben und genießen.

Pro Portion: ca. 312 kcal • 45 g EW • 8 g F • 19 g KH

Schokoladige
Kokos-Riegel

Für ca. 10 Stück
Zubereitungszeit: ca. 25 Min. + ca. 30 Min. Kühlzeit

200 ml Kokosmilch

50 g Eiweißpulver
mit Vanillegeschmack

2 EL Xylit

200 g Kokosraspel

200 g Zartbitter-
schokolade

Zubereitung

❭ Kokosmilch in eine Schüssel geben, Eiweißpulver und Xylit zugeben und alles cremig rühren. Kokosraspel unterrühren. Aus der Masse ungefähr 10 Riegel formen und Riegel ca. 30 Minuten in den Kühlschrank legen.

❭ Zartbitterschokolade in Stücke brechen und über einem Wasserbad schmelzen. Riegel nacheinander in die flüssige Schokolade tauchen und auf Backpapier ca. 15 Minuten trocknen lassen. Riegel in Packpapier wickeln und kühl lagern.

Pro Stück: ca. 296 kcal • 7 g EW • 22 g F • 13 g KH

Zuckerfreie
Mandel-Baisers

Für 5 Portionen
Zubereitungszeit: ca. 15 Min. + ca. 1 Std. und 10 Min. Backzeit

2 Eiweiß

100 g Xylit

50 g gemahlene
Mandeln

Zubereitung

❯ Backofen auf 100 °C (Umluft: 80 °C) vorheizen. Backblech mit Backpapier auslegen. Eiweiße in einer Schüssel steif schlagen. Xylit langsam einrieseln lassen und weiterschlagen, bis sich das Xylit gelöst hat. Gemahlene Mandeln unterheben.

❯ Eiweißmasse in einen Spritzbeutel füllen und kleine Kleckse auf das Backpapier spritzen oder mithilfe von 2 Teelöffeln aufsetzen (ausreichend Abstand lassen). Im vorgeheizten Backofen im unteren Drittel ca. 1 Stunde und 10 Minuten backen. Mandel-Baisers mit dem Backpapier vom Backblech ziehen und auf einem Kuchenrost erkalten lassen.

Pro Portion: ca. 117 kcal • 4 g EW • 6 g F • 0 g KH

Waffeln
mit Stevia

Für 5 Stück
Zubereitungszeit: ca. 30 Min.

60 g Butter

100 g Magerquark

4 Eier

1 TL Stevia

6 EL Eiweißpulver
mit Vanillegeschmack

außerdem:
2 EL Öl,
Puderxylit zum
Bestäuben (nach
Belieben)

Zubereitung

❯   Butter in einem kleinen Topf schmelzen und abkühlen lassen. Quark in eine Schüssel geben und mit Eiern und Öl verrühren. Stevia und abgekühlte Butter zugeben und alles gut verrühren. Eiweißpulver zugeben und mit dem elektrischen Handrührgerät zu einem Teig verrühren.

❯   Waffeln portionsweise im Waffeleisen backen. Nach Belieben mit Puderxylit bestäuben und genießen.

Pro Stück: ca. 309 kcal • 26 g EW • 21 g F • 3 g KH

Apfel-Quark-Dessert
mit Zimt

Für 2 Portionen
Zubereitungszeit: ca. 15 Min.

2 Äpfel

1 TL Butter

2-3 EL Xylit

250 g Magerquark

Zimt zum Bestäuben

Zubereitung

❯ Äpfel waschen, halbieren, Kerngehäuse entfernen und Fruchtfleisch klein würfeln. Butter in einer Pfanne schmelzen, ca. 2 Esslöffel Xylit zufügen und etwas anbräunen. Apfelwürfel zufügen und karamellisieren lassen. Mit Zimt bestäuben und ca. 1 Minute weiterbräunen.

❯ Quark mit restlichem Xylit verrühren. Apfelstücke und Quark abwechselnd in 2 Gläser schichten und abschließend mit Zimt bestäuben.

Pro Portion: ca. 220 kcal • 14 g EW • 7 g F • 17 g KH

Schoko-Mandel-Pralinen
für Genießer

Für 4 Portionen
Zubereitungszeit: ca. 10 Min. + ca. 2 Std. Kühlzeit

200 g gemahlene
Mandeln

1 TL gemahlene
Vanille

2 EL Kokosöl

2 EL Kakaopulver

2 EL Mandelmus

außerdem:
2 TL Stevia
(nach Belieben)

Zubereitung

❯ Gemahlene Mandeln, Vanille und nach Belieben Stevia in einer Schüssel gut vermischen. Kokosöl im Wasserbad oder in der Mikrowelle schmelzen. 1 Esslöffel Kakao einrühren und zur Mandel-Vanille-Mischung geben. Mandelmus zugeben und alles gut vermischen. Bei Bedarf etwas Wasser zugeben.

❯ Masse zu kleinen Kugeln formen und in restlichem Kakao wälzen. Schoko-Mandel-Pralinen ca. 2 Stunden kühl stellen.

Pro Portion: ca. 446 kcal • 15 g EW • 40 g F • 3 g KH

Luftiges
Zitronen-Soufflé

Für 4 Portionen
Zubereitungszeit: ca. 15 Min. + ca. 25 Min. Backzeit

1 unbehandelte Zitrone

2 Eier

2 EL Xylit

4 EL Eiweißpulver mit Vanillegeschmack

200 g Magerquark

außerdem:
1 Prise Salz,
Fett für die Förmchen

Zubereitung

❯ Backofen auf 180 °C Umluft vorheizen. Zitrone waschen und trocken tupfen. 2 Teelöffel Zitronenschale abreiben und 2 Esslöffel Zitronensaft auspressen. Eier trennen. Eiweiße mit Salz steif schlagen. Eigelbe mit 1 Esslöffel Xylit verrühren. Eiweißpulver, Quark, Zitronenschale und -saft zugeben und alles zu einem glatten Teig verrühren. Eischnee unterheben.

❯ 4 Soufflé-Förmchen mit Fett ausstreichen und mit restlichem Xylit ausstreuen. Teig gleichmäßig auf die Förmchen verteilen. Backblech mit warmem Wasser füllen. Förmchen auf das Backblech stellen, sodass sie zu einem Drittel im Wasser stehen. Zitronen-Soufflés im vorgeheizten Backofen ca. 20–25 Minuten goldgelb backen. Nach Belieben vor dem Servieren mit etwas Xylit bestreuen.

Pro Portion: ca. 197 kcal • 24 g EW • 8 g F • 3 g KH

Chia-Schoko-Pudding
mit Kokosmilch

Für 2 Portionen
Zubereitungszeit: ca. 5 Min. + ca. 20 Min. Kühlzeit

35 g Chiasamen

200 ml Milch

50 ml Kokosmilch

1½ EL Kakao-
pulver

1 TL neutrales
Eiweißpulver

außerdem:
flüssiger Süßstoff
(nach Belieben),
Himbeeren, Mandeln
und Zitronenmelisse
für die Dekoration

Zubereitung

❯ Chiasamen in eine Schüssel geben und mit Milch, Kokosmilch, Kakao und Eiweißpulver vermischen. Nach Belieben mit Süßstoff süßen. In 2 Gläser füllen und ca. 20 Minuten im Kühlschrank quellen lassen.

❯ Chia-Schoko-Pudding mit Himbeeren, Mandeln und Zitronenmelisse dekorieren und servieren.

Pro Portion: ca. 248 kcal • 10 g EW • 17 g F • 9 g KH

Himbeer-Protein-Eis
mit Quark

Für 1 Portion
Zubereitungszeit: ca. 5 Min. + ca. 1 Std. Kühlzeit

100 g Himbeeren
(TK-Produkt)

150 g Magerquark

15 g Eiweißpulver
mit Vanillegeschmack

2 Msp. Stevia

außerdem:
Minze für die Dekoration

Zubereitung

❯ Gefrorene Himbeeren mit 1 Esslöffel Wasser in einen Mixer geben und fein pürieren. Quark, Eiweißpulver und Stevia zugeben und alles kräftig mixen. Eismasse für ca. 1 Stunde ins Gefrierfach geben. Dabei regelmäßig umrühren, bis das Eis gefroren und cremig ist.

❯ Himbeer-Protein-Eis in ein Schälchen geben, nach Belieben mit Minze dekorieren und sofort servieren.

❗ Erfrischende Eis-Variationen ergeben sich auch durch die Verwendung anderer Beeren. Probieren Sie Erdbeeren oder Brombeeren und wählen Sie dazu das Eiweißpulver mit Ihrem Lieblingsgeschmack oder neutrales Eiweißpulver.

Pro Portion: ca. 185 kcal • 30 g EW • 2 g F • 9 g KH

Pannacotta
mit Erdbeersoße

Für 4 Portionen
Zubereitungszeit: ca. 40 Min. + ca. 4 Std. Kühlzeit

5 Blatt Gelatine

600 g Sahne

100 g Xylit

1 Vanilleschote

120 g Erdbeeren

außerdem:
Zitronenmelisse für
die Dekoration

Zubereitung

❯ Gelatine nach Packungsanweisung in Wasser einweichen. Sahne mit 70 Gramm Xylit aufkochen. Gelatine ausdrücken, dazugeben und auflösen. Vanilleschote der Länge nach halbieren und das Mark herauskratzen. Mark zugeben und verrühren. Pannacotta in Dessertgläser füllen und ca. 4 Stunden in den Kühlschrank stellen.

❯ Erdbeeren waschen, putzen, trocken tupfen und vierteln. In einen Topf geben, restliches Xylit und 50 Milliliter Wasser zugeben und aufkochen. Mit einem Stabmixer pürieren. Püree ca. 5–10 Minuten bis zur gewünschten Konsistenz köcheln lassen. Erdbeersoße durch ein Sieb streichen und abkühlen lassen. Vor dem Servieren auf der Pannacotta verteilen und mit Zitronenmelisse dekorieren.

Pro Portion: ca. 517 kcal • 6 g EW • 45 g F • 6 g KH

Exotische
Kokosbällchen

Für ca. 30 Stück
Zubereitungszeit: ca. 10 Min. + ca. 1 Std. Kühlzeit

200 ml Kokos-
milch

130 g Kokos-
raspel

100 g gemahlene
Mandeln

50 g Eiweißpulver
mit Vanillegeschmack

außerdem:
flüssiger Süßstoff (nach Belieben)

Zubereitung

❯ Kokosmilch in eine Schüssel geben und mit 100 Gramm Kokosraspel, gemahlenen Mandeln und Eiweißpulver vermischen. Nach Belieben mit Süßstoff süßen. Schüssel abgedeckt ca. 1 Stunde kalt stellen.

❯ Restliche Kokosraspel auf einen Teller geben. Aus der Kokosmasse ca. 30 kleine Kugeln formen und in Kokosraspel wälzen. Kokosbällchen bis zum Verzehr kalt stellen. Im Kühlschrank sind sie ca. 5 Tage haltbar.

Pro Stück: ca. 68 kcal • 2 g EW • 6 g F • 1 g KH

Kaffee-Sahne-Mousse
mit Kakao

Für 5 Portionen
Zubereitungszeit: ca. 15 Min. + ca. 2 Std. Kühlzeit

1 Pck. Gelatine-
pulver für 500 ml
Flüssigkeit

450 ml Kaffee

5 g Kakaopulver

150 g Sahne

etwas Schokoraspel

außerdem:
flüssiger Süßstoff
(nach Belieben)

Zubereitung

❯ Gelatine in eine Schüssel geben und mit 2 Esslöffeln Wasser verrühren. Ca. 10 Minuten quellen lassen. Kaffee aufbrühen und etwas abkühlen lassen. Gelatine in der Mikrowelle ca. 20–30 Sekunden erwärmen, bis sie aufgelöst ist. Kaffee und Kakao unterrühren. Nach Belieben mit Süßstoff süßen. Masse in den Kühlschrank stellen und nach ca. 1 Stunde umrühren. Weitere ca. 30 Minuten kalt stellen und nochmals umrühren.

❯ Sobald die Masse beginnt, fest zu werden, 100 Gramm Sahne steif schlagen und unterheben. Abschmecken und nach Belieben nachsüßen. Mousse in Dessertgläser füllen. Restliche Sahne steif schlagen und daraufgeben. Mit Schokoraspel dekorieren. Bis zum Servieren mindestens weitere ca. 30 Minuten kalt stellen.

Pro Portion: ca. 113 kcal • 3 g EW • 10 g F • 3 g KH

Erdnussbutter-Popsicle
für Sommertage

Für ca. 12 Stück
Zubereitungszeit: ca. 10 Min. + ca. 4 Std. Kühlzeit

800 ml Kokosmilch

½ Tasse zuckerfreie Erdnussbutter

4 EL Stevia

100 g dunkle Kuvertüre

fein gehackte Erdnüsse

Zubereitung

❯ Kokosmilch, Erdnussbutter und Stevia in einen Mixer geben und kräftig mixen. Abschmecken und nach Belieben nachsüßen. In Eis-am-Stiel-Formen füllen und mindestens 4 Stunden im Tiefkühlfach durchfrieren lassen.

❯ Kuvertüre in kleine Stücke hacken und über einem Wasserbad schmelzen. Etwas abkühlen lassen. Erdnussbutter-Popsicle mit geschmolzener Kuvertüre beträufeln und mit fein gehackten Erdnüssen bestreuen.

Pro Stück: ca. 259 kcal • 5 g EW • 23 g F • 7 g KH

Backen

Saftige
Joghurt-Muffins

Für 12 Stück
Zubereitungszeit: ca. 15 Min. + ca. 20 Min. Backzeit

3 Eier

150 g Joghurt

80 g Mascarpone

250 g gemahlene
Mandeln

3 EL flüssiger
Süßstoff

außerdem:
Fett für die Form,
1 Prise Salz,
½ Pck. Backpulver

Zubereitung

❯ Backofen auf 200 °C (Umluft: 180 °C) vorheizen. Muffinförmchen mit Fett aus-streichen. Eier trennen. Eiweiße mit 1 Prise Salz steif schlagen. Eigelbe mit Joghurt, Mascarpone, gemahlenen Mandeln, Backpulver und Süßstoff in einer Schüssel zu einem Teig verrühren.

❯ Teig in 12 Muffinförmchen füllen und im vorgeheizten Backofen ca. 20 Minuten backen (Stäbchenprobe machen: Am Holzstäbchen darf kein flüssiger Teig haften).

❗ Nach Belieben die Joghurt-Muffins mit halb geschlagener Sahne beträufelt servieren.

Pro Stück: ca. 197 kcal • 7 g EW • 17 g F • 2 g KH

Schokoladen-Zucchini-Kuchen

Für 1 Kastenform
Zubereitungszeit: ca. 20 Min. + ca. 40 Min. Backzeit

370 g Zucchini

200 g gemahlene Haselnüsse

40 g Kakaopulver

6 Eier

250 g Xylit

außerdem:
Fett für die Form,
Schokodrops (nach
Belieben)

Zubereitung

❯ Backofen auf 180 °C (Umluft: 160 °C) vorheizen. Kastenform mit Fett ausstreichen. Zucchini putzen, waschen, sehr fein reiben und gut ausdrücken. Gemahlene Haselnüsse in eine Schüssel geben und mit Kakao vermischen. Eier in eine weitere Schüssel geben und mit Xylit luftig aufschlagen. Zucchini untermischen und Haselnuss-Kakao-Mischung unterheben.

❯ Teig in die Kastenform füllen, nach Belieben mit Schokodrops belegen und ca. 40 Minuten backen (Stäbchenprobe machen: Am Holzstäbchen darf kein flüssiger Teig haften). Eventuell kurz vor Ende der Backzeit mit Alufolie abdecken, damit der Kuchen nicht zu dunkel wird. Herausnehmen und abkühlen lassen.

Pro Kuchen: ca. 3034 kcal • 79 g EW • 213 g F • 50 g KH

Mandel-Cookies
mit Erdnussbutter

Für ca. 25 Stück
Zubereitungszeit: ca. 15 Min. + ca. 20 Min. Backzeit

100 g Erdnussbutter

2 Eier

70 g Xylit

70 g Mandel-
mehl

30 g gemahlene
Haselnüsse

außerdem:
1 TL Backpulver

Zubereitung

❯ Backofen auf 160 °C (Umluft: 140 °C) vorheizen. Backblech mit Backpapier auslegen. Erdnussbutter in eine Schüssel geben und mit Eiern und Xylit vermischen. Mandelmehl, gemahlene Haselnüsse und Backpulver in einer weiteren Schüssel mischen und zur Erdnussbutter-Mischung geben. Alles gut verrühren.

❯ Aus dem Teig kleine Kugeln formen, mit etwas Abstand voneinander auf das Backpapier legen und mithilfe einer Gabel etwas flach drücken. Erdnussbutter-Cookies im vorgeheizten Backofen ca. 20 Minuten backen. Abkühlen lassen.

Pro Stück: ca. 56 kcal • 7 g EW • 3 g F • 1 g KH

Brownies
mit Apfelmus

Für 4 Stück
Zubereitungszeit: ca. 15 Min. + ca. 20 Min. Backzeit

1 Ei

25 g Kakaopulver

25 g Eiweißpulver
mit Schokoladen-
geschmack

50 g gemahlene
Mandeln

150 g Apfelmus ohne
Zucker

außerdem:
1 TL Backpulver,
Fett für die Form

Zubereitung

❭ Backofen auf 160 °C (Umluft: 140 °C) vorheizen. Ei trennen. Eigelb mit Kakaopulver, Eiweißpulver, gemahlenen Mandeln, Apfelmus und Backpulver in eine Schüssel geben und gut verrühren. Eiweiß steif schlagen und unterheben.

❭ Kleine Brownieform mit Fett ausstreichen. Teig in die Form füllen und im vorgeheizten Backofen ca. 20 Minuten backen. Vollständig auskühlen lassen und in Stücke schneiden.

Pro Stück: ca. 201 kcal • 11 g EW • 14 g F • 7 g KH

Zimtige
Möhren-Muffins

Für ca. 12 Muffins
Zubereitungszeit: ca. 15 Min. + ca. 25 Min. Backzeit

2 Möhren

4 Eier

100 g Xylit

240 g gemahlene
Mandeln

1 TL Zimt

Zubereitung

❭ Backofen auf 200 °C (Umluft: 180 °C) vorheizen. Muffinform mit Förmchen auslegen. Möhren putzen, schälen und fein raspeln. Eier trennen. Eiweiße steif schlagen. Eigelbe mit Xylit luftig aufschlagen. Möhren, gemahlene Mandeln und Zimt unterrühren. Eischnee unterheben.

❭ Teig in die Muffinförmchen füllen und im vorgeheizten Backofen ca. 20–25 Minuten backen (Stäbchenprobe machen: Am Holzstäbchen darf kein flüssiger Teig haften).

❗ Die Muffinförmchen können gut gefüllt werden, da die Muffins beim Backen wenig aufgehen.

Pro Stück: ca. 177 kcal • 7 g EW • 13 g F • 2 g KH

146

Himbeer-Biskuitrolle
mit Quarkfüllung

Für 1 Rolle
Zubereitungszeit: ca. 10 Min. + ca. 10 Min. Backzeit

2 Eier

4 EL Xylit

100 g Himbeeren

150 g Magerquark

außerdem:
Öl für das Backblech,
Puderxylit (nach Belieben),
Minze für die Dekoration

Zubereitung

❯ Backofen auf 180 °C (Umluft: 160 °C) vorheizen. Backblech mit Öl bestreichen und mit Backpapier belegen. Eier trennen. Eigelbe mit 3 Esslöffeln Xylit schaumig schlagen. Eiweiße steif schlagen und unterheben. Teig auf das Backblech streichen und im vorgeheizten Backofen ca. 10 Minuten backen.

❯ Himbeeren verlesen, waschen und trocken tupfen. Einige Himbeeren beiseitelegen. Restliche Himbeeren in eine Schüssel geben und mit Quark verrühren. Mit restlichem Xylit abschmecken. Biskuitteig vorsichtig vom Backpapier lösen, mit Himbeer-Quark-Mischung bestreichen und fest aufrollen. Nach Belieben mit Puderxylit bestäuben. Biskuitrolle in Scheiben schneiden und mit Himbeeren und Minze dekoriert servieren.

Pro Rolle: ca. 462 kcal • 31 g EW • 16 g F • 10 g KH

Feine
Chocolate-Chip-Cookies

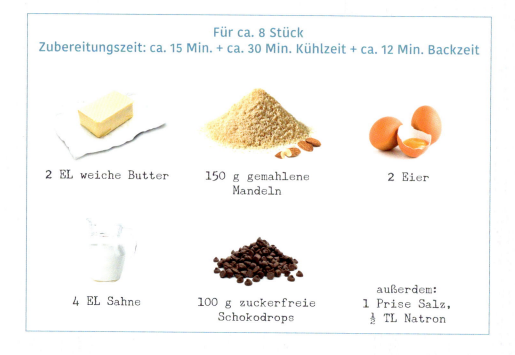

Für ca. 8 Stück
Zubereitungszeit: ca. 15 Min. + ca. 30 Min. Kühlzeit + ca. 12 Min. Backzeit

2 EL weiche Butter

150 g gemahlene Mandeln

2 Eier

4 EL Sahne

100 g zuckerfreie Schokodrops

außerdem:
1 Prise Salz,
$\frac{1}{2}$ TL Natron

Zubereitung

› Butter in einem kleinen Topf oder in der Mikrowelle schmelzen. Geschmolzene Butter in eine Schüssel geben und mit Mandeln, Eiern, Sahne, Salz und Natron zu einem cremigen Teig verrühren. Schokoladen-Drops unterheben. Teig ca. 30 Minuten kalt stellen.

› Backofen auf 180 °C (Umluft: 160 °C) vorheizen. Backblech mit Backpapier auslegen. Mithilfe von 2 Teelöffeln kleine Teigkleckse auf das Backpapier setzen (ausreichend Abstand lassen). Im vorgeheizten Backofen ca. 12 Minuten backen. Auskühlen lassen.

! Mögen Sie den Teig etwas süßer? Dann verwenden Sie einfach einige Spritzer Flüssigsüßstoff.

Pro Stück: ca. 261 kcal • 7 g EW • 24 g F • 5 g KH

Protein-Schoko-Mug-Cake

Für 1 Portion
Zubereitungszeit: ca. 5 Min.

30 g Naturjoghurt

1 Ei

20 g Eiweißpulver mit Schokoladengeschmack

5 g Kakaopulver

2-3 Himbeeren

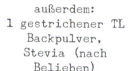

außerdem: 1 gestrichener TL Backpulver, Stevia (nach Belieben)

Zubereitung

› Joghurt und Ei in einer mikrowellengeeigneten Tasse verrühren. Eiweißpulver und Kakao untermischen und zu einem cremigen Teig verrühren. Nach Belieben mit Stevia süßen.

› Tasse auf einen Teller stellen und in der Mikrowelle bei 900 Watt ca. 3 Minuten backen. Himbeeren waschen, trocken tupfen und zum Mug Cake servieren.

Pro Portion: ca. 190 kcal • 27 g EW • 8 g F • 3 g KH

Zitronen-Muffins
mit Mascarpone

Für ca. 16 Stück
Zubereitungszeit: ca. 15 Min. + ca. 30 Min. Backzeit

1 unbehandelte
Zitrone

6 Eier

110 g Mascarpone

400 g gemahlene
Mandeln

2 TL flüssiger
Süßstoff

außerdem:
1 Pck. Backpulver,
Puderxylit (nach
Belieben)

Zubereitung

❯ Backofen auf 170 °C (Umluft: 150 °C) vorheizen. Muffinform mit Papierförmchen auslegen. Schale der Zitrone abreiben und Saft auspressen. Eier trennen. Eiweiße steif schlagen. Eigelbe mit Zitronensaft und -schale, Mascarpone, gemahlenen Mandeln und Süßstoff in einer Schüssel verrühren. Eischnee unterheben.

❯ Teig in die Muffinförmchen füllen und im vorgeheizten Backofen ca. 20–30 Minuten backen (Stäbchenprobe machen: Am Holzstäbchen darf kein flüssiger Teig haften). Nach Belieben mit Puderxylit bestäuben und servieren.

Pro Stück: ca. 214 kcal • 9 g EW • 18 g F • 2 g KH

Käsekuchen
ohne Boden

Für 1 Springform (ca. 20 cm Durchmesser)
Zubereitungszeit: ca. 10 Min. + ca. 35 Min. Backzeit

2 Eier

200 g Frischkäse

100 g Magerquark

20 g Puddingpulver
mit Vanillegeschmack

4 EL Xylit

außerdem:
1 Prise Salz

Zubereitung

> Backofen auf 175 °C (Umluft: 155 °C) vorheizen. Springform mit Backpapier aus-kleiden. Eier trennen. Eigelbe mit Frischkäse, Quark, Puddingpulver und Xylit in eine Schüssel geben und verrühren. Eiweiße mit 1 Prise Salz steif schlagen und unterheben.

> Masse in die Springform füllen und im vorgeheizten Backofen ca. 35 Minuten backen. Eventuell kurz vor Ende der Backzeit mit Alufolie abdecken, damit der Kuchen nicht zu dunkel wird. Herausnehmen und abkühlen lassen.

Pro Kuchen: ca. 922 kcal • 33 g EW • 61 g F • 27 g KH

Register

A

Apfel-Quark-Dessert mit Zimt   118

Asiatische Rindfleischpfanne   94

Avocado mit Käse-Walnuss-
   Füllung   74

B

Bohnen-Salat mit Walnüssen   48

Brokkoli-Parmesan-Puffer   72

Brownies mit Apfelmus   144

C

Chia-Schoko-Pudding mit
   Kokosmilch   124

Cremiges Brokkoli-Püree   60

E

Eierwolken mit Käse   38

Eiweißreiche Bananen-Pancakes   22

Erdnussbutter-Popsicle für
   Sommertage   134

Exotische Kokosbällchen   130

F

Falscher Kartoffelsalat aus
   Kohlrabi   56

Feine Chocolate-Chip-Cookies   150

Frittierte Quarkbällchen   110

Frühstücks-Protein-Smoothie   32

Frühstücks-Shake zum Wachwerden   34

G

Gefüllter Blumenkohl mit
   Hackfleisch   84

H

Hähnchenbrust auf Quinoa-Gemüse   100

Herzhafte Frühstücks-Muffins   42

Himbeer-Biskuitrolle mit
   Quarkfüllung   148

Himbeer-Marmelade mit Chiasamen   30

Himbeer-Protein-Eis mit Quark   126

K

Kaffee-Sahne-Mousse mit Kakao   132

Käsekuchen ohne Boden   156

Knuspermüsli low carb   20

L

Lachs auf Avocado-Tomaten-Salsa   96

Leinsamen-Pizza Margherita   92

Low-Carb-„Grießbrei" mit Erdbeeren   28

Low-Carb-Quark-Brot mit Kernen   36

Low-Carb-Wrap mit viel Eiweiß   64

Luftiges Zitronen-Soufflé   122

Luftig-leichtes Cloud Bread   26

M

Mandel-Cookies mit Erdnussbutter   142

Mangold-Feta-Gratin mit Pilzen   90

Mediterrane Auberginen-Türmchen   50

O

Omelette-Wraps mit Lachs   44

P

Panierte Zucchini-Pommes   68

Pannacotta mit Erdbeersoße   128

Parmesan-Gouda-Chips mit Knoblauch-
Dip   52

Protein-Schoko-Mug-Cake   152

Q

Quinoa-Porridge mit Beeren   24

S

Saftige Joghurt-Muffins   138

Sahnige Nuss-Nugat-Creme   108

Schnelle Hähnchen-Pilz-Pfanne   80

Schokoladen-Zucchini-Kuchen   140

Schokoladige Kokos-Riegel   112

Schoko-Mandel-Pralinen für
Genießer   120

Schweinefilet im Speckmantel   82

Sommerlicher Spargel-Erdbeer-Salat   54

Spinat-Feta-Omelette für den großen
Hunger   40

T

Thunfisch-Frikadellen mit Weißkohl   78

Thunfisch-Soufflés mit Käse   88

Thunfisch-Tomaten-Salat   58

Trendiger Blumenkohl-„Reis"   70

U

Überbackener Rosenkohl   102

V

Vietnamesische Sommerrollen   104

W

Waffeln mit Stevia   116

Würzige Edamame   66

Z

Zimtige Möhren-Muffins   146

Zitronen-Muffins mit Mascarpone   154

Zoodles mit scharfer Tomatensoße   62

Zucchini mit Pilz-Frischkäse-Füllung   98

Zuckerfreie Mandel-Baisers   114

Zwiebel-Tarte mit Blumenkohl-Boden   86

Bildnachweis

Rezeptbilder/Shutterstock: 2 Alexander Raths, 5 Barbara Dudzinska, 7 George Rudy, 8 u. re. Yuriy Maksymiv, 8 u. li. Jacob Lund, 8 o. Aaron Amat, 10 Joshua Resnick, 11 Elena Shashkina, 13 u. li. joannawnuk, 13 u. re. thefoodphotographer, 13 o. re. Artem Shadrin, 13 o. li. SMarina, 14 Pat_Hastings, 15 Syda Productions, 16 Lukas Gojda, 21 Lana_M, 23 Elena Demyanko, 25 A_Lein, 27 Rimma Bondarenko, 29 Natalie_Barth, 31 Oxana Denezhkina, 33 Elena Shashkina, 35 SMarina, 37 Natalie_Barth, 39 Maddas, 41 Brent Hofacker, 43 Rasulov, 45 irina2511, 49 Stolyevych Yuliya, 51 lorenzo_graph, 53 Alphonsine Sabine, 55 Wiktory, 57 pamuk, 59 Edith Frincu, 61 margouillat photo, 63 Virginia Garcia, 65 Sergey Fatin, 67 Slavica Stajic, 69 Lapina Maria, 71 Nataliya Arzamasova, 73 Amallia Eka, 75 Mariontxa, 79 OnlyZoia, 81 Africa Studio, 83 Elena Shashkina, 85 Dar1930, 87 Olha Afanasieva, 89 Acter, 91 Tatiana Vorona, 93 DDiana, 95 Photopictures, 97 Robyn Mackenzie, 99 Edith Frincu, 101 supercat, 103 Elena Shashkina, 105 Anna Shepulova, 109 Justyna Pankowska, 111 A. Zhuravleva, 113 Vorontsova Anastasiia, 115 Edgieus, 117 Natalya Dolgova, 119 Hortimages, 121 Lesya Dolyuk, 123 Daniel Gilbey Photography - My portfolio, 125 YuliiaHolovchenko, 127 Stolyevych Yuliya, 129 Jacek Bieniek, 131 Viktory Panchenko, 133 Yulia Davidovich, 135 Elena Veselova, 139 MShev, 141 Amallia Eka, 143 zoryanchik, 145 vm2002, 147 osvaldodip, 149 Lesya Dolyuk, 151 Carol Mellema, 153 Ruslan Mitin, 155 minadezhda, 157 Christian Jung; Schmuckabbildung: Charcompix; Coverabbildungen: siehe Innenteil
Zutatenbilder/Shutterstock: HandmadePictures, Kovaleva_Ka, M. Unal Ozmen, Moving Moment, siriwat srinuroht, Coprid, Norrabhudit, virtu studio, Alex Staroseltsev, Andrii Gorulko, Y Photo Studio, Alex Streinu, mtphoto19, Khumthong, Valentyn Volkov, margouillat photo, Scisetti Alfio, sripfoto, bonchan, Preto Perola, Snowbelle, Nik Merkulov, Sergiy Kuzmin, Silvy78, hsagencia, Krzysztof Slusarczyk, vitals, bergamont, Tanya Sid, nortongo, zcw, bonchan, Hong Vo, Smit, Asier Romero, gresei, Volosina, Yasonya, Angel Simon, fotoearl, Maks Narodenko, aperturesound, Binh Thanh Bui, COLOA Studio, Aleksandr Bryliaev, oriori, Viktar Malyshchyts, MaraZe, Gita Kulinitch Studio, Abramova Elena, Billion Photos, Kelvin Wong, Christian-Fischer, Kim Reinick, robertsre, Egor Rodynchenko, Jovan Nikolic, Ivaschenko Roman, Seregam, Brian Kinney, jeep5d, Art65395, Valery121283, Elovich, Tim UR, AlenKadr, oksana2010, akepong srichaichana, Kaam21, Mr. SUTTIPON YAKHAM, ArTDi101, Davydenko Yuliia, Africa Studio, Iurii Kachkovskyi, topseller, Oliver Hoffmann, Ledo, MR.Yanukit, Diana Taliun, Sergio Stakhnyk, Shawn Hempel, spline_x, ANCH, Konstantin Gushcha, lantapix, aquariagirl1970, Wstockstudio, Eivaisla, Nattika, Evgeny Tomeev, Gl0ck

Impressum

Genehmigte Sonderausgabe für Weltbild GmbH & Co. KG, Werner-von-Siemens-Str. 1, 86159 Augsburg
© Copyright vivo Buch UG (haftungsbeschränkt), Benzstraße 56, 71272 Renningen

ISBN 978-3-8289-2884-8

Komplettproducing: twinbooks, München
Text und Lektorat: Vivianne Schoenen, Linda Freutel, Jana Lösch, Eva Hutter für twinbooks, München